Christa Meves

Charaktertypen

Wer passt zu wem?

Media Maria Verlag

Bibliografische Information: Deutsche Nationalbibliothek.
Die deutsche Nationalbibliothek verzeichnet diese Publikation in der Deutschen Nationalbibliografie; detaillierte bibliografische Daten sind im Internet über http://dnb.ddb.de abrufbar.

Charaktertypen
Wer passt zu wem?
Christa Meves
Media Maria Verlag, 1. Auflage 2011
ISBN 978-3-9813003-3-8

Umschlagbild: © Troels Graugaard, iStock

www.media-maria.de
Printed in Germany
ISBN 978-3-9813003-3-8

Inhalt

Einleitung

„Wenn ich doch nur wüsste, was ich suche!“ seufzte kürzlich eine Zwanzigjährige während einer psychotherapeutischen Sitzung und artikulierte damit eine Grundstimmung junger, häufig aber auch älterer Menschen. Sie stoßen damit auf eine wichtige Selbsterkenntnis: Der Mensch ist ein in sich sehnsüchtiges Wesen. Um ihre Sehnsucht zu bezwingen, sind viele Menschen in unserer Bevölkerung geradezu reisesüchtig geworden – und die Billigflüge machen es möglich, sich zwischen Florida, den Balearen und Haiti zu tummeln.

Trotzdem klagen selbst manche unter diesen Vielreisenden über Einsamkeit. Sie haben viel gesehen, viel erlebt; aber wenn sie wieder daheim sind, spüren sie neu das Ziehen der Sehnsucht in ihrer Seele. Was fehlt? Auch eine schmucke und behaglich eingerichtete Wohnung, ja, nicht einmal ein prächtiges Haus und erst recht kein Schloss vermögen die Sehnsucht zu löschen; viel eher schon die Gemeinschaft mit einem Menschen: mit nahen Angehörigen, mit gleich gesinnten Freunden. 80 Prozent aller junger Menschen, so hat kürzlich eine Umfrage ergeben, wünschen sich zum Beispiel, eine Familie zu gründen.

Aber warum gibt es dann in unserer Gesellschaft so viele Singles? In manchen unserer Großstädte ist bereits jede zweite Wohnung ein Single-Haushalt. Und selten handelt es sich dabei um eine „splendid isolation“, um ein glückliches Alleinsein.

Fragt man Alleingänger danach, so werden verschiedene Gründe dafür angegeben. Aber sie haben doch häufig einen

Hauptnenner, und dieser heißt: Enttäuschung. Jedenfalls haben die wenigsten immer allein gelebt. Doch ihre Versuche, mit anderen Menschen zusammenzuleben, sind gescheitert. Das Single-Leben ist in vielen Fällen die Folge vergeblicher Versuche, mit einem anderen Menschen zusammenzubleiben. Sie haben sich zurückgezogen oder sind zurückgelassen worden. Schweres Schicksal also. Die Sehnsucht nach Gemeinschaft, nach Gefährtenschaft, nach gegenseitiger Unterstützung, nach Geborgenheit, Anregung und Ergänzung trieb sie zusammen und die Enttäuschung dennoch wieder auseinander. Allein die Sehnsucht blieb.

Woran liegt das? Warum werden heute so viel häufiger Menschen auf diese Weise zu Leidenden, wie lässt sich das ändern? Denn schließlich entspricht es einem Urbedürfnis des Menschen, gemeinsam das Leben zu bestehen. „Es ist nicht gut, dass der Mensch allein sei“, erklärt Gott deshalb am Anfang der Bibel und macht sich daran, das durch die Erschaffung der Eva grundlegend zu ändern.

Aber warum lässt sich heute so viel seltener die Sehnsucht nach Gemeinsamkeit erfüllen? Das hat als Erstes gewiss damit zu tun, dass viele der modernen Menschen eine ausgeprägte Individualität besitzen. Sie haben feste Vorstellungen über ein befriedigendes Leben, sie haben eingebahnte Bedürfnisse und bestimmte Ansprüche. Sie sind Persönlichkeiten, und sie sind deshalb nur begrenzt bereit, sich dem Willen der Mitmenschen anzupassen oder gar sich anderen unterzuordnen beziehungsweise eigene Wünsche zu Gunsten eines anderen zurückzustellen. Das macht Zusammenleben heute grundsätzlich schwieriger und konfliktreicher. Deshalb werden in Deutschland pro Jahr fast zweihunderttausend Ehen geschieden, deshalb führen die meisten Ehen ohne Trauschein keineswegs zur Eheschließung, sondern nach einiger Zeit des Zusammenlebens doch wieder zur Trennung – oft um nach neuen Versuchen, neuen Zerwürfnissen und immer häufigeren Enttäuschungen ins Single-Leben einzumünden. Ja, ein solches Miterleben im Umfeld führt immer öfter schon bei Jugendlichen zu dem Entschluss, sich auf eine Partnersuche gar nicht erst einzulassen.

Dadurch entsteht aber schließlich eine allgemein bedenkliche Lage: Es konstituieren sich zu wenige Familien. Durch den Geburtenschwund sind seit der Mitte der 60er-Jahre zunehmend weniger Kinder geboren worden. Dass die wenigen Jungen den vielen Alten einst deren Renten erarbeiten können, ist jetzt bereits infrage gestellt. Wir dürfen das nicht mehr unter den Teppich kehren und die Augen davor verschließen: Wir befinden uns in einer Existenzkrise, die ihre Ursachen letztendlich in einem geistigen Vakuum hat. Wer in sich unzufrieden ist, reißt häufig die Menschen seines Umfeldes in seine Missstimmung hinein.

Wir brauchen deshalb im neuen Jahrhundert eine neue Nachdenklichkeit – über den Sinn unseres Lebens ebenso wie über die Entfaltungsmöglichkeiten des Menschen, damit weniger seelische Krankheiten entstehen, und wir brauchen mehr Wissen und Anleitung, um befriedigendes, dauerhaftes Miteinander zu erreichen.

Die folgenden Ausführungen möchten dazu beitragen, mit mehr Verstehen auf die Suche nach einander angemessener, befriedigender Gemeinschaft zu gehen; denn sie erst bildet die Voraussetzung zu einem zukunftsfähigen Gesamtgefüge.

1. Die Sehnsucht nach Gemeinschaft, Gefährtenschaft und Ergänzung

Kürzlich sagte eine Studentin: „Nein, ich will lieber solo bleiben, und zwar keineswegs, weil ich etwa Angst vor Männern hätte oder weil ich mir nicht vorstellen könnte, es als Glück zu empfinden, Liebe zu erleben, Kinder zu haben, Mutter zu sein. Dieser mein Entschluss ist mir aus der Erfahrung zugewachsen. Ich gehöre zu der Sorte von Menschen, denen andere sehr schnell ihr Herz ausschütten – selbst ältere Menschen. Was habe ich mir nicht schon alles erzählen lassen müssen über das Elend der Ehen beziehungsweise der Paarbeziehungen heute! Ich glaube, dass das eine hoffnungslose Illusion ist: eine lebenslänglich dauernde Liebe, eine Harmonie des Alltags, ein faires Miteinander. Davon sind auch kultivierte Menschen noch meilenweit entfernt. Im Gegenteil – oft sind sie wie die wilden Tiere darauf versessen, sich gegenseitig zu verletzen und zu zerfleischen.

Und wie viel stummes Eheelend gibt es besonders unter den älteren Frauen noch heute! Viele werden immer noch wie im Mittelalter als Sklavinnen gehalten, andere müssen die dauernden Treulosigkeiten ihrer Männer ertragen. Und erst all das Leid um Scheidung, Kampf um die Kinder, Wiederheirat und Wiederscheidung. Warum soll ich mich auf so etwas einlassen? Würde ich auf die Idee kommen, den Atlantischen Ozean mit einem Schiff zu überqueren, dessen Kapitän keinerlei Ahnung von Nautik hat, noch dazu, wo das Meer am Horizont mit

Wracks bedeckt ist, die die Inkompetenz der Schifffahrtsgesellschaft sichtbar machen? Da bleibe ich doch lieber auf dem Festland und warte, bis bessere Kapitäne ausgebildet sind."

Und doch straften die traurigen Augen diese Worte Lügen. Die rationalen Überlegungen konnten die berechtigte Sehnsucht des Mädchens nicht bannen.

Andere votieren ähnlich, weil sie selbst aus einer Scheidungsehe stammen – sehr zu Recht; denn wie viel anfälliger gegen Zerrüttung ist die Ehe heute geworden! Weil in den vergangenen Jahrhunderten durch die „Verordnungsehe" und den Sittenkodex eines strengen Patriarchats Empörung der Frau, Trennung des Paares kaum möglich, ja nicht einmal denkbar waren, weil darüber hinaus durch die im Kindbett sterbende Frau die Ehezeit häufig nur von relativ kurzer Dauer war, weil die Lebenserhaltung so schwer war, dass alle Anstrengungen gemeinsam auf ihre Bewältigung gerichtet sein mussten, weil Ehebedingungen früher unter der Nötigung zur Schicksalsfügsamkeit standen, gab es viel weniger Probleme in Bezug auf die Eheführung. Da die Not des alltäglichen Existenzkampfes die Zielrichtung bestimmte, schien es auch gar nicht so wichtig, dass die Partner zueinander passten und miteinander in einer seelischen Übereinstimmung standen.

Wir sind – wie gesagt – also heute in einer ungewohnten neuen Situation, die durchdacht und bewältigt werden muss, wenn wir die Hoffnung haben wollen, unsere Sehnsucht nach Gemeinschaft mit Erfolg zu verwirklichen; denn heute ist bereits die Jugend eine voll emanzipierte Gruppe. Es geschieht gewiss in unserem Kulturkreis nur noch in den seltensten Fällen, dass die Eltern junger Leute zum Beispiel die Heirat ihrer Kinder beschließen und sie dazu nötigen. Die Angehörigen dieser jungen Generation haben die Freiheit der Wahl, wie und mit wem sie zusammenleben wollen.

Deshalb stehen die Nachdenklichen unter ihnen erstmals vor der Frage: „Wer passt zu mir? Welcher junge Mann oder welche junge Frau bietet mir in meiner Eigenart die beste Gewähr, eine glückliche, lebenslängliche Partnerschaft zu gestalten? Oder mit welchen Angehörigen wäre es denkbar, im Erwachsenenalter zusammenzuleben? Wonach muss ich überhaupt suchen? Welches wären die Eigenschaften, die als Pendant für mich in meinem spezifischen Charakter infrage kämen? Welcher Freund, welche Freundin hat die gleiche Wellenlänge?"

Vage, theoretisch und unsicher werden Fragen dieser Art von manchen Jugendlichen zwar gestellt; aber da sie keine Antworten – oft nicht einmal auf die Frage: „Was habe ich selbst für Eigenschaften?" und erst recht keine Anleitung zum Finden eines Zugehörigen – bekommen, überlassen sie sich meist passiv der Entwicklung. Selbst die meisten jungen Kritiker der Eheinstitution, wie unsere Studentin, die auf Grund negativer Erfahrungen – oft mit der Elternehe – den Entschluss zum Alleinbleiben gefaßt haben, verlieben sich in der Folgezeit irgendwann einmal und ändern ihre Einstellung auf Grund der Vorherrschaft des Gefühls; und ob diese Anziehung zu einer Legalisierung führt, hängt weit gehend vom Zufall der äußeren Situation ab. Ist die Faszination heftig genug, so sind die Liebenden davon überzeugt, dass noch niemals auf der Welt so tief geliebt worden ist; sie wissen, dass sie füreinander bestimmt sind. Manche meinen sogar, in einem Vorleben einander bereits einmal begegnet zu sein. Nicht immer trägt diese Faszination durch das Leben. Nur allzu oft nötigt der Alltag in die große Enttäuschung. Nach einigen Jahren des Zusammenlebens meinen viele Paare desillusioniert und oft übertrieben, sich einem Ausbund an bösen Eigenschaften angetraut und anvertraut zu haben.

Es kommt heute also neu darauf an, ob die nach Gemeinschaft Suchenden „besser ausgebildet" werden, damit das Risiko von Resignation oder Fehlwahl wenigstens bei den Nachdenklichen eingeschränkt wird. Jeder junge Mensch sollte sich in dieser Hinsicht um eine größere Klarheit bemühen; denn es kann sich bei der Gestaltung seines Lebens mit einem anderen heute nicht darum handeln, dass nur einer, der die Führung übernimmt, etwas von dieser Kunst versteht. *Beide* Suchenden müssen von Anfang an mehr Bewusstsein über Chancen und Gefahren eines gemeinsamen Lebens haben, damit die Aussicht besteht, dass sie den Ozean dieses Lebens heil überqueren. Das Warten auf den „gut ausgebildeten Kapitän" unserer Studentin verrät unzulässige Passivität. Gerade die Frau ist auf Grund ihres stärkeren Interesses an seelischen Bezügen begabt dafür, auf diesem Feld zu lernen und ihre Erkenntnisse an die Mitmenschen weiterzugeben.

Eine optimale Wahlmöglichkeit des Lebenspartners hat zwei grundsätzliche Voraussetzungen:

1. ein Bewusstsein von Charakterstrukturen und auf Grund dieser Kenntnis Folgerungen über die größere oder geringere Möglichkeit, mit einem bestimmten Menschen zu harmonieren. In einer freien Welt mit einer freien Wahlmöglichkeit muss der Mensch sich aufmachen, sich durch mehr Bewusstheit eine Besonnenheit selbst zu erarbeiten, die mehr Erfolg verspricht, als das heute im Allgemeinen der Fall ist.
2. ein Bewusstsein von Formen und Zielen des Phänomens Faszination. Denn Faszination allein verstellt oft eine besonnene Wahl, führt den Suchenden wie ein Irrlicht von seinem Weg ab, nötigt in Sackgassen und verstrickt den Menschen in Ausweglosigkeiten, die sich vermeiden lassen.

Bei den Erörterungen der nächsten Kapitel soll es aber nicht allein um die Vorbereitung auf eine hoffentlich tragfähige Ehe mit einem passenden Partner gehen. Die Frage soll die nach passenden Freunden und Freundinnen, ja auch die psychischen Voraussetzungen für ein harmonisches Zusammenleben mit Verwandten und Angehörigen einschließen. Auch zum Beispiel das Zusammenleben einer Mutter mit einer ledigen Tochter oder einem ledigen Sohn bedarf des nachdenklichen Agreements, auch, ob zwei Schwägerinnen, ja zwei erwachsene Schwestern oder Brüder zusammenleben können, ist nicht selbstverständlich. Und last, but not least: Selbst beim Zusammenleben mit erwachsenen Familienmitgliedern, von Schwiegermüttern und Schwiegertöchtern und -söhnen, ja, auch über das Leben unter einem Dach mit den leiblichen Eltern sollte nachgedacht und es nicht als selbstverständlich vorausgesetzt werden, dass eine solche Gemeinschaft unter allen Umständen funktionieren muss.

So wünschenswert es ist, die Sehnsucht nach harmonischer Gemeinschaft zu befriedigen, so wichtig ist es, sich nicht auf Abenteuer einzulassen, die von vornherein zum Scheitern verurteilt sind. Deshalb kann es von Wert sein, sich erst einmal die Frage zu stellen: Was habe ich selbst für Eigenschaften, welcher Typ bin ich denn überhaupt? Diese Frage ist allgemeingültiger Art und bei jeder Suche nach einer passenden Gemeinschaft vorab zu stellen. Sie soll uns deshalb zunächst beschäftigen.

2. Die Charakterstrukturen

Im Folgenden sollen deshalb eine Reihe von typischen Gegensätzlichkeiten, ihre Vorzüge und Schwierigkeiten dargestellt werden.

Der Charakter des Menschen wird sowohl durch Erbanlagen wie durch frühkindliche Erlebnisprägungen bestimmt. Der Charakter hat ein bestimmtes Timbre, das bestimmte Interaktionsstile vorbahnt. Es bildet sich – so hat die Neoanalytische Schule Schultz-Hencke das genannt – eine Charakterstruktur.

Die hier ausgearbeitete Typenlehre hat sich in der Praxis als stimmig und brauchbar erwiesen. Sie ist vor allem von Praktikern ausgebaut und variiert worden (Dührssen, Schwidder, Riemann, Herzog-Dürck, Heigl, Fischle-Carl, Meves). Ich habe vor allem eine wertneutralere Benennung hinzugefügt und bezeichne sie wie folgt:

a) statt schizoider Charakter	=	Einsiedlertyp
b) statt depressiver Charakter	=	Hingabetyp
c) statt zwangsneurotischer Charakter	=	Ordnungstyp
d) statt hysterischer Charakter	=	Darstellungstyp

a) Der Einsiedlertyp

Der *Einsiedlertyp* wirkt oft wie ein Fremdling in unserer Welt. Entweder zieht er sich ins Schneckenhaus zurück, oder er trachtet oft klammernd danach, einen einmal eingebahnten

Kontakt zu halten. Der Einsiedler vermeidet es, seine Gefühle zu zeigen, ja sie überhaupt zu haben. Er wirkt deshalb auf seine Umwelt kühl, uneinfühlsam, manchmal hölzern und ungeschickt. Oft ist er durch eine vornehme Distanziertheit ausgezeichnet. In seinen nur sparsamen Äußerungen verrät er häufig eigenwillige und tiefsinnige Gedanken. Meist ist er unpraktisch, oft linkisch; und obgleich er nicht selten zurückgezogen lebt, zeigt er wenig Geschick zur Do-it-yourself-Lebensgestaltung. Er ist durch eine stolze oder rührende Hilflosigkeit gekennzeichnet.

Hinter seiner Verschlossenheit verbirgt der Einsiedlertyp eine große Empfindsamkeit. Er hat oft Verständnis für Natur, Kunst und Literatur. Aber meist fällt es ihm schwer, mit Menschen umzugehen. Er trachtet deshalb danach, sich einzelgängerisch einzuigeln. Manchmal brechen diese Einsiedlernaturen plötzlich mit Vehemenz aus ihrer Isolation aus und überschreiten mit Hilfe großer, oft fantastisch versponnener Ideen ihre Grenzen in der unbewussten, unbestimmten Hoffnung, auf diese Weise zu ihrer Vervollkommnung zu gelangen.

Da der kontaktscheue Einsiedler sein Unvermögen, Gefühl lebhaft zu äußern, als Mangel erlebt, faszinieren ihn besonders die Menschen, die die Möglichkeit haben, anderen gegenüber aufgeschlossen zu sein und ihre Gefühle offen und warm zu zeigen.

Oft hat der Einsiedlertyp Kontaktschwierigkeiten. Sie entstehen dadurch, dass ihm die Möglichkeit fehlt, abzuschätzen, mit welcher Verhaltensweise Kontakte erfolgreich sein können. Entweder fällt er mit der Tür ins Haus, oder er verblüfft durch unangemessene Äußerungen oder frustrierende Taktlosigkeiten. Der Mangel an Einfühlsamkeit bewirkt eine sein Gegenüber befremdende Abruptheit. Oft hat der Einsiedlertyp ein daraus resultierendes Alleinsein ausgebaut, ja geradezu kultiviert. Er legt den größten Wert darauf, autark und das heißt: auf niemanden angewiesen zu sein. Weil er eine allzu große Nähe zu anderen häufig geradezu fürchtet, wirkt er oft schwer ansprechbar und unnahbar, manchmal geradezu kalt.

Da der Einsiedler in Bezug auf seine eigenen Gefühle meist unsicher ist, neigt er dazu, sich mehr auf Rationales, durch Denken Erfassbares einzulassen. Deshalb ist der zurückgezogene Gelehrte häufig ein Einsiedlertyp. Überhaupt neigen Einsiedler, besonders unter den Männern, dazu, sich der Wissenschaft zuzuwenden. Berufe in diesem Bereich sind hier dominant. Bei vielen Einsiedlertypen bleibt die Entfaltung der Gefühlsseite hinter der Ausbildung der rationalen zurück. Nicht selten hat er diese Begabung zu Freizeitbeschäftigungen ausgebaut, in denen er sich in einer erstaunlichen Weise spezialisiert hat. Er hat deshalb die Möglichkeit, sich wochenlang über Tage und Nächte mit seinen Interessen gebannt zu beschäftigen und sie immer mehr zu verfeinern. Die moderne Technik kommt allen Einsiedlertypen entgegen. Viele von ihnen sind bereits Computerfreaks. Und auch umgekehrt gilt: Der Computer und das Internet geben der Ausbildung von Einsiedlertypen Vorschub.

Dazu ein Beispiel: Der vierzigjährige Lutz K. war schon als Kind ein Einzelgänger gewesen. Nicht, dass er in der Schule eigentlich randständig war – er war eher beliebt, da er niemandem etwas zu Leide tat. Im Unterricht arbeitete er gewissenhaft mit und stellte die meist sorgfältig gemachten Schularbeiten vor dem Unterricht willig zum Abschreiben zur Verfügung. Aber er hatte dennoch keine Freunde. Er schloss sich von sich aus den anderen nicht an, nahm an keinen Peergroups teil, war in Diskos nicht zu entdecken und ging Schulveranstaltungen nach Möglichkeit aus dem Weg. Gelegentlich klagten die Lehrer, er möge sich mehr am Unterricht beteiligen; aber da er gute bis durchschnittliche schriftliche Arbeiten zu Stande brachte, nahmen die Lehrer daran immer weniger Anstoß.

Er wuchs mit einem sehr lebhaften jüngeren Bruder zusammen auf, um den er sich aber umso weniger kümmerte, je älter er wurde. Der Bruder blieb ihm eigentlich fremd. Ab der Pubertät begann er sich für ökologische Fragen zu interessieren und darauf eine umfängliche Bibliothek aufzubauen. Er war eine Leseratte. Sport war ihm immer zuwider. Darum drückte er sich, wo er nur konnte.

Nach dem frühen Tod des Vaters und der Verselbstständigung des Bruders blieb er bis ans Ende seiner Ausbildung zum Verwaltungsfachmann im Elternhaus hängen, aber in einem nur sehr losen Verbund mit der Mutter, die sich – ähnlich still – nach dem Tod ihres Ehemanns durch Malen zu verwirklichen suchte. Die beiden sahen sich oft tagelang nicht. Jeder aß Fastfood und ging seine eigenen Wege. Einige Male brachte Lutz K. die eine oder andere Arbeitskollegin mit nach Hause (beziehungsweise diese hatten sich eher bei ihm eingehängt); aber es erwuchs daraus nie eine tiefere Bindung. „Die wollen alle bloß was von mir“, gestand er auf Nachfrage seiner Mutter und schüttelte sich. Kam ihm eine der jungen Damen zu nahe, brach er den Kontakt mehr oder weniger abrupt ab.

Nach Abschluss seiner Ausbildung nahm er eine Stellung in der Verwaltung einer süddeutschen Großstadt an, zog aber in ein halb verfallenes Forsthaus am Rand der Stadt und spezialisierte sich hier in seinen ökologischen Interessen. Er machte botanische Experimente, wozu fast alle Räume des Hauses mit Topfpflanzen bestückt wurden, und setzte sich selbst einem radikalen Kampf gegen die künstliche Konsumwelt aus. So benutzte er niemals ein Auto, bediente sich auf dem Weg zur Arbeit eines Fahrrads, und nur bei sehr schlechtem Wetter begab er sich widerwillig in die S-Bahn.

Seine Behausung glich einer scheinbar planlosen Wirrnis, in der er sich aber dennoch einigermaßen zurechtfand. Nur während der Berufszeit war er normal gekleidet. In der Freizeit schlüpfte er in zerfranste Jeans und abgetragene Pullover. Er langweilte sich nie. Auf einer ökologischen Fachtagung erzählte er einem Landwirt von einer seiner botanischen Neuschöpfungen. Der baute sie an und machte daraus ein Riesengeschäft, ohne ihn am Verdienst zu beteiligen. Das nahm er ohne Groll hin und buchte es als Erfolg. Zwar gestand er, sich nach einer Gefährtin zu sehnen, aber „das sind Trauben, die für den Fuchs zu hoch hängen“, meinte er mit einem Anflug von Traurigkeit.

Wie Lutz K. sind Menschen vom Einsiedlertyp meist von erstaunlicher Bedürfnislosigkeit. Oft ist es ihnen gleichgültig, ob ihre Behausung warm oder kalt, ihr Bett hart, weich oder vielleicht sogar kaputt ist. Sie haben eine eigene Art, die selten ästhetische Ansprüche enthält, und sie legen wenig Wert auf eine korrekte oder gar sonderlich saubere Kleidung. Meistens ist ihnen auch jegliche Körperpflege gleichgültig, ja unangenehm. Sie erscheint ihnen als überflüssiger Aufwand.

Diese Eigenschaften erschweren es dem Einsiedler, Freundschaften aufzubauen und erst recht eine Lebensbeziehung zu entwickeln. Oft fehlt ihm dazu der Mut, und deshalb fürchtet er nicht selten eine Eheschließung. Vor einer Bindung auf Lebenszeit hat er eher Angst. Er fürchtet den Verlust einer ihm lebenswichtigen Unabhängigkeit und Freiheit. Wenn sie infrage gestellt ist, kann der Einsiedler abrupt und dann durchaus gewaltsam aggressiv werden. Ja, wenn die Gefühlsseite zu sehr unterdrückt wurde, kann er roh und kalt den „Feind“ auszuschalten suchen. Besonders beim männlichen Geschlecht kann es dann zu aggressiven Primitivreaktionen kommen, die in der unversehens auftauchenden Rücksichtslosigkeit die Umwelt befremden. Tötungen im Affekt, Amoklaufen etc. sind gelegentlich vorkommende Auswüchse. Überhaupt ist in seiner starken Ausprägung der Einsiedlertyp häufiger bei Männern anzutreffen.

Bei weiblichen Einsiedlertypen steht die feinsinnige Seite meist wesentlich mehr im Vordergrund. Dann besonders werden künstlerische Neigungen gepflegt, die Introversion und Alleinsein bedingen. Aber auch hier ist dieser Entwicklung meist eine Abkehr vorausgegangen, ein Sichstoßen an der Grobheit in den gesellschaftlichen Bezügen. Die Einsiedlerfrau leidet mehr als der entsprechende Mann an ihrem Alleinsein, aber auch ihre Versuche zur Kontaktaufnahme scheitern häufig, weil ihre unangepasste Art kein Verständnis findet. Die Einsiedlerfrau neigt zu religiöser Vertiefung, gelegentlich auch zu einer intensiven Bemühung um Integration von fremden Kulturen. Sie hat oft eine Beziehung zu mystischen Religionsformen.

Es soll später besprochen werden, inwiefern Ergänzungsbedürfnisse dieser Art ihre typischen Schwierigkeiten in der Eheführung zur Folge haben können.

b) Der Hingabetyp

Der *Hingabetyp* ist von besonders weicher Gefügigkeit, Nachgiebigkeit, Verzichts- und Opferbereitschaft. Er hat eine Neigung zu vorschneller Resignation. Es mangelt ihm daher häufig an durchhaltender Initiative. Der Hingabetyp neigt aber auch zu genüsslicher Passivität, er ist freundlich, mitteilsam, gesellig, tolerant und von gemüthafter Wärme. Er ist meist außerordentlich empfindlich, trägt manchmal lange nach, neigt aber kaum dazu, sich zu rächen. Er ist großzügig bis verschwenderisch, anschmiegsam und lässig in Bezug auf Ordnung. Er beginnt eine Arbeit mit großem Elan, hat aber oft keine große Ausdauer, er kann ehrgeizig sein und zeichnet sich durch einen überströmend guten Willen aus. Auch gieriges Zugreifen (manchmal bis zum Diebstahl), hektisches Habenwollen, oft auch übertriebene Hilfsbereitschaft und die dumpf lauernde Vorstellung, nicht genug zu bekommen, kennzeichnen diesen Typ.

Menschen mit einer solchen Charakterstruktur zeigen eine übersteigerte Neigung, sich mit Hilfe des Mundes – durch Trinken, Essen, Naschen, Rauchen, Saugen – Befriedigung zu verschaffen. Sie sind an die „orale Stufe fixiert“, wie es in der Sprache der Psychoanalyse heißt. Aus Angst vor dem Verlust irgendeiner „nahrhaften“ Quelle, zu der sie auch ihre Bezugspersonen zählen, sind diese Menschen meist besonders mitmenschlich und sozial. Diese Eigenschaften stehen oft ganz unbewusst im Dienst des Impulses zum Verschlingen, zum Aneignen und zur Bemächtigung, die man durch Vorleistungen zu erreichen hofft.

Der Hingabetyp findet durch selbstlosen Einsatz oft ein hohes Maß an Selbstbestätigung und Anerkennung in seinem Umfeld. Er kann sich allerdings beim Einsatz für andere auch überanstrengen und durch seine Riesenerwartungen unzufrieden werden: Die verwöhnten Nächsten, so meint er, belohnen ihn nicht hinreichend für seine Bemühungen. Dann kann die Zuneigung unversehens in Aggressivität oder auch in psychosomatische Krankheiten umschlagen.

Der Hingabetyp mag nicht allein sein. Aber nicht die Menge sucht er. Er hat mehr Interesse an Bindung an einen Einzelnen; oberflächliche gesellschaftliche Kontakte sind ihm oft nicht genehm. Ja, die vielen anderen können seinem großen Bedürfnis nach inniger Zweisamkeit mit einem Du eher hinderlich sein. Er möchte dem Du so nahe sein wie möglich, am besten sich ganz an ihn verschwenden, sich in ihm gewissermaßen auflösen. Oft steht dahinter die Angst, ohne den nahen Menschen neben sich verloren zu sein. Der andere Mensch wird oft als existenziell notwendiger Halt verstanden. Dessen Nähe durch intensive Dienstbereitschaft zu erhalten wird daher für den Hingabetyp zur oft gänzlich unbewussten Intention seines Verhaltens.

Der Hingabetyp entwickelt deshalb Eigenschaften, wie Bescheidenheit, Opferbereitschaft und eine große eifrige Hilfsbereitschaft. Oft fällt es dem Hingabetyp schwer, sich das ihm Zustehende zu nehmen beziehungsweise es in Anspruch zu nehmen. Er verausgabt sich, und deshalb ist er nicht selten in der Gefahr, ausgenutzt zu werden.

Dazu ein Beispiel: Die fünfzigjährige Dorothea S. hatte den Beruf der Kinderpflegerin erlernt. Sie war die Älteste von fünf Geschwistern, das heißt, sie hatte vier jüngere Brüder, von denen der Jüngste um zwölf Jahre jünger war als sie. Sie hatte bereits ihre ganze Kindheit hindurch Kinderpflegerin spielen müssen, da die Mutter in die kleine Landwirtschaft intensiv mit eingespannt war. Mit großem Eifer hatte sie diese für sie eigentlich reichlich schwere Aufgabe der Beaufsichtigung ihrer Geschwister übernommen, zumal sie dadurch viel Lob und Anerkennung von Nachbarn und Freunden erhielt, denn die Eltern waren eher karge, schweigsame und wenig Zuwendung gebende Leute. „Ich ertappte mich dabei“, schildert sie, „beim Abendessen meinem Vater eilfertig die Suppe auf den Teller zu füllen und ihn zu bedienen, um einmal ein Wort, ja nur einen Blick der Freude oder des Dankes zu erhaschen. Aber das passierte nie.“

Nach ihrer Ausbildung ging sie bald in kinderreiche Familien und schuftete dort weiter, wie sie bereits eine Kindheit lang geschuftet hatte. Ihre Dienstherren waren auch immer tief zufrieden mit ihrer Aufmerksamkeit, ihrer Bescheidenheit, ihrer Unermüdlichkeit. Dennoch wechselte sie nach ein, zwei, höchstens drei Jahren regelmäßig die Stellung. Meistens bekam sie ausgerechnet mit der Person, an die sie sich besonders intensiv gebunden hatte, nach einer nicht allzu langen Dienstzeit Streit, das heißt, sie provozierte den- oder diejenigen durch plötzlich pampige Äußerungen, die die anderen sich nicht gefallen ließen, antwortete dann mit Phasen des Gekränktseins, sodass die Situation immer gespannter wurde. Nach ihrer Kündigung fing das Spiel in der neuen Arbeitsstelle von vorn an …

Einige Male hatte sich Dorothea heftig verliebt. Ein paar Mal hatte sie Stellungen auch aufgegeben, um ganz für den Freund da zu sein, war zu ihm gezogen und hatte sich auch dort ins Geschirr gelegt. Oft wurde das dem Angebeteten, manchmal auch ihr selbst schnell zu viel. Sie hatten sich wieder getrennt, oder er war davongegangen. Das waren gefährliche Phasen in ihrem Leben gewesen, mit einer Anmutung, nicht mehr leben zu wollen und erst recht nicht mehr zu arbeiten. Jetzt hatte sie einen Antrag auf Frühberentung gestellt. Viele Kuren hatte sie in den letzten Jahren besucht, um ihre Rückenbeschwerden und ihre Neigung zum Alkoholismus loszuwerden – bisher ohne Erfolg …

Oft gibt sich der Hingabetyp also auch anspruchslos, ohne es in der Tiefe seiner Seele eigentlich zu sein. Unbewusst erwartet er, dass die anderen ihm zurückgeben, was er ihnen schenkt. Die Enttäuschung darüber, dass derartiges ausbleibt, beantwortet er nicht selten mit einer frustrierten Resignation, sodass die Gefahr besteht, in eine manifeste Depression abzusinken. Sie ist häufig durch viel Klagen (einem heimlichen Anklagen des anderen) charakterisiert, von Selbstvorwürfen, Selbstbestrafungen und im Extremfall von Suizidneigungen und -versuchen begleitet.

Die verdrängten Bedürfnisse nach Vereinnahmung eines anderen werden häufig durch viel essen und viel trinken zu kompensieren versucht, sodass der Hingabetyp nicht selten zu Übergewicht und Fettleibigkeit neigt. Überwiegt seine resignative, depressive Neigung, so besteht die Gefahr von Alkoholabhängigkeit. Auch Nikotinabusus und Neigung zu sonstigen Rauschmitteln sind nicht selten.

Der Hingabetyp findet sich sehr viel häufiger im weiblichen Geschlecht. Er besetzt vornehmlich soziale Berufe. Aber auch das Lebensmittelgewerbe ist die Domäne von Hingabetypen.

Die Bereitschaft zu selbstloser Zuneigung und einfühlsamer Identifikation mit nahen Menschen ist eine der hervorragenden Eigenschaften des Hingabetyps. Er entwickelt oft eine besonders tiefe, meist christliche Frömmigkeit.

c) Der Ordnungstyp

Der *Ordnungstyp* ist durch die Trias Ordentlichkeit, Sparsamkeit und Eigensinn bereits von Freud treffend charakterisiert worden. Menschen mit einer solchen Charakterstruktur sind pflichtbewusst, verhalten bis zurückhaltend. Meist haben sie einen trockenen Humor. Der Ordnungstyp legt den allergrößten Wert auf Korrektheit in jeder Hinsicht. Er beachtet diese ebenso in der Untadeligkeit seiner Kleidung wie in der Ordnung seines Hausrats und in der Ordnung seiner beruflichen Belange. Er hat eine Neigung, ihm Wertvolles zu sammeln und mit Lust zu pflegen. Überhaupt hat er das Bedürfnis, Erworbenes (oder Ererbtes) mit Sorgfalt zu bewahren und zu erhalten. Gelegentlich kann diese Eigenschaft zur Pedanterie werden. Der Ordnungstyp strebt nach Macht, und zwar auf den verschiedensten Sektoren. Er hat eine ausgesprochene Beziehung zum Besitz. Er erwirbt gern – oft ist er mit äußerster Sparsamkeit um Vermehrung des ihm Wertvollen bemüht.

Der Ordnungstyp ist deshalb besonders konservativ. Dauerhaftigkeit, Pflege des Altbewährten ist für ihn von größtem Wert. Neuerungen zu akzeptieren und zu wagen, fällt ihm schwer. Er kann sich deshalb grundsätzlich nicht leicht für etwas entscheiden, neigt, wenn das nötig ist, zum Aufschieben, Zögern und misstrauischen Zweifeln – manchmal sogar, bis die Gelegenheit verpasst ist. Der Ordnungstyp geht auf Nummer sicher, er scheut, ja verabscheut das Risiko. Oft hat er eine ausgesprochene Begabung zum abstrakten Denken, das – anders als beim Einsiedlertyp – mit nüchternem Realitätssinn gepaart ist.

Die sozialen Beziehungen sind diesen Strebungen untergeordnet. In Gesellschaft hat er eine Präferenz zu Gesprächskontakten mit Männern, ganz gleich ob er selbst männlichen oder weiblichen Geschlechts ist. Meist ist er eher schweigsam als gesprächig. Er ist darauf bedacht, Wesentliches von Unwesentlichem zu unterscheiden. Geschwätzigkeit in seinem Umfeld beantwortet er mit unhöflichen Kontaktabbrüchen.

Manchmal stehen Rechthaberei, Halsstarrigkeit, Pedanterie, Geiz und Herrschsucht neben Übergefügigkeit und Unterwürfigkeit in Situationen, in denen man der Unterlegene oder Untergebene zu sein glaubt.

Der Ordnungstyp ist prinzipientreu, gewissenhaft, fleißig, gründlich, stetig und beherrscht. Seine Unausgeglichenheit kann in explosionsartigen Jähzornsanfällen und in Fällen schwerer Neurotisiertheit in Quälsucht und einer Neigung zu Gewalttaten zum Ausdruck kommen. Quetschen, Treten und Stechen sind dann unbewusst lustvoll. Manche Ordnungstypen bringen ihre Sexualität mit Schmutz in Verbindung und neigen dazu, sie zu verdrängen.

Bei betonter Nüchternheit und exzessivem Rationalismus

glauben dennoch manche Menschen dieses Typs versteckt an Zauberkräfte. Gelegentlich glauben sie sogar, durch böse Gedanken ihrer Umwelt verzaubert werden zu können, aber auch mit Hilfe von Gedanken, Verwünschungen und Flüchen selbst Macht ausüben zu können. Der Ordnungstyp fürchtet, seinen Besitz zu verlieren, und trachtet unentwegt danach, ihn abzusichern.

Der Ordnungstyp hat eine Neigung, sich unnachgiebig durchzusetzen. Er kann dabei aber seine Flexibilität einbüßen und in rigide Starrheit verfallen. Anpassungsbereitschaft um eines anderen willen ist ihm fremd, ja erscheint ihm oft geradezu bedrohlich. Das lässt ihn häufig intolerant werden, zum Beispiel als ein ungeliebter Boss im Beruf und als ein gefürchteter Vater im Familienleben.

Der Ordnungstyp neigt zur Prüderie, zu einer übertriebenen Schamhaftigkeit, ja überhaupt zu der Neigung, das Leben nicht leben, nicht genießen zu können. Stattdessen kann die Pedanterie, die Übersauberkeit und Überpünktlichkeit zur Zwanghaftigkeit werden.

Der Ordnungstyp ist beim männlichen Geschlecht sehr viel häufiger. Im beruflichen Leben ist er wegen seiner rigiden Konsequenzen gegen sich selbst oft erfolgreich und deshalb häufig in den Chefetagen zu finden, besonders im Bankwesen, in der Gerichtsbarkeit, aber auch in der Politik.

Ist der Ordnungstyp eine Frau, so kommt sie besonders häufig unter den perfekten Hausfrauen vor, die mit Akribie mit ihrem Haushalt eine schmutzfreie Zone zu schaffen suchen, wobei nicht selten versucht wird, in einer versteckten Weise mit Lust Ordnungsmacht über die Angehörigen auszuüben. In solchen Häusern herrscht zwar Perfektion, aber gleichzeitig seelische Kälte. Heute schafft der Ordnungstyp unter den Frauen auch Perfektion gleich in beiden Bereichen: in Familie und im Beruf. Die Ordnungsfrau verzichtet allerdings heute oft auch sehr bewusst auf die Gründung einer Familie, um sich uneingeschränkt einer ehrgeizigen Karriere zu widmen.

Dazu ein Beispiel: Friederike F. war die einzige Tochter eines Generals. Sie war von Anfang an ein „Vaterkind". Ihre Vorliebe galt ihm, weil die pedantische Erziehungsform der Mutter ihrer Vitalität nicht entsprach und das Kind der Mutter infolgedessen auszuweichen suchte, wo es nur konnte. Der Vater kam ihr zwar mit größerer Natürlichkeit entgegen, hatte allerdings nur selten Zeit für die Familie. Friederike kaute lange an den Fingernägeln, womit sie sich unbewusst ein Ventil für ihre Wut auf die Mutter schuf, was allerdings unzureichend blieb.

Nach dem Abitur studierte Friederike Jura und Politologie, promovierte und brachte es zu glänzenden Abschlussexamen. Sie war zäh und fleißig und strebte zielgerecht eine leitende Position im Staatsdienst an. Als ihre Position gefestigt war, heiratete sie ihren Chef, indem sie dessen Ehefrau verdrängte. Er verhalf ihr zu weiteren beruflichen Aufschwüngen.

Frau F. bekam in einjährigem Abstand zwei Kinder, Wunschkinder, die sie aber weit gehend der Betreuung zweier Bonnen überließ. Die Rangordnung ihrer Interessen hieß: Beruf, Kinder und – wenn Hosen an der Seite opportun waren – gelegentlich auch ihr Mann.

Frau F. war immer modisch und elegant gekleidet, mit einer sorgfältig gestylten Haartracht. Sie war von zielstrebiger Härte gegen sich selbst, und sie hatte in der Chefetage eine ganze Reihe von Konkurrenten geradezu weggebissen. Ihre hoch entwickelte Rationalität kam ihr im Beruf entgegen. Sie hatte eine exakte und durchorganisierte Zeiteinteilung. Sie arbeitete oft noch abends und ging nicht schlafen, ehe sie jeden ausgegebenen Groschen schriftlich registriert hatte. Sie war immer im Stress und lief auf meist hohen Hacken einen schnellen Schritt.

Ihre Ehe begann zu kriseln, als sie immer seltener von ihrem Mann Notiz nahm. Sie nahm es gelassen hin, dass er auszog – nicht ohne ihn bereits in der darauf folgenden Woche mit einem Brief ihres Rechtsanwaltes unter Druck zu setzen, indem sie erklären ließ, dass ihr Einsatz für die Familie die Vereinnahmung des Löwenanteils beim Zugewinn rechtfertige. Die

Kinder wurden als gewichtige Figuren im Scheidungsverfahren eingesetzt, und sie überließ dem Vater gern vielerlei Betreuung der Kinder.

Perfekt im Haushalt, mit zwei auf Manierlichkeit erzogenen Kindern, mit weiteren Aufstiegschancen vor sich, bildete sie die elegante Männin, die scheinbar absoluten Lebenserfolg hatte, aber weder im Beruf noch privat von Menschen umgeben war, die sie liebten: Die menschlichen Belange hatten auf ihrer zielgeraden Karriere keinen Stellenwert und deshalb auch keine Chancen gehabt.

d) Der Darstellungstyp

Der *Darstellungstyp* neigt zu einer Identifikation mit allem und jedem. Er ist gewissermaßen in der Lage, in jedermanns Haut zu schlüpfen. Solche Menschen neigen zu schillernden Selbstdarstellungen, zu Clownerie und Eulenspiegelei. Sie sind ebenso charmant wie aktiv und gefühlsbewegt. Sie sind risikofreudig und immer darauf aus, Neues zu erkunden. Sie sind zuvorkommend, höflich, aufmerksam, rasch in ihren Reaktionen und Entschlüssen. Sie sind optimistisch, sind gute Gesellschafter und oft von sprühender Lebendigkeit. Sie lieben es zu brillieren und trachten danach, in ihrem meist außerordentlich geselligen Leben im Mittelpunkt zu stehen. Sie neigen aber gleichzeitig zu Unzuverlässigkeit und Treulosigkeit. Sie haben Angst vor tief gehenden, dauerhaften Liebesbindungen, sind unruhig Suchende und Schweifende.

Der Darstellungstyp besitzt anfangs ein erstaunlich hohes Maß an Anpassungsbereitschaft. Er hat die Fähigkeit, sich mit einem Menschen, mit dem er bekannt geworden ist, zu identifizieren und dessen Wünsche und Belange in sich selbst zu integrieren. Dennoch bleiben diese Beziehungen häufig mehr oder weniger flüchtig, ja, sie verflüchtigen sich oft ebenso rasch wieder, wie sie zunächst intensiviert wurden. Der Darstellungstyp besticht durch seine oft außerordentlich charmante und anziehende Brillanz. Hat er Esprit, so versteht er, große Menschenmassen zu faszinieren. Er ist gewissermaßen der geborene Showmaster. Er neigt sowohl im Auftreten wie in seinem Ambiente (von Auto bis zur Segeljacht wie auch in der Kleidung) und in seinen Intentionen zu auffälliger Extravaganz.

Misserfolg stellt sich ein, wenn die liebenswürdige Lebendigkeit zu grober Prahlsucht oder zu Imponiergehabe, ja zu Hochstapelei entartet. Gespreiztheit dieser Art führt zur Abwendung der zunächst beglückten Mitmenschen, sodass sich der Darstellungstyp genötigt sieht, sein Betätigungsfeld zu wechseln, um neue Menschen zu finden, die ihm ihre Aufmerksamkeit und ihre Anerkennung entgegenbringen.

Das bewirkt eine eher provisorische Daseinshaltung mit einer Neigung zur Oberflächlichkeit. Pünktlichkeit, Zeitplanung und Zeiteinteilung werden deshalb zu eher seltenen Gästen im Leben des Darstellungstyps. Er lässt sich grundsätzlich nicht gern festlegen, und er langweilt sich schnell unter alten Bekannten, bei denen sich die Bereitschaft, ihn zu bewundern, abgeschwächt hat.

Der Darstellungstyp ist meist von großzügiger Toleranz gegen andere. Leben und leben lassen, ist seine Devise. Er selbst schätzt an seiner Umwelt eine möglichst weit gehende Unverbindlichkeit und hofft, dass sie ihm ebenfalls zugebilligt wird. Liberalität ist sein Lebenselixier – besonders auf dem Sektor der Moral. Alles ihm Mögliche auszuprobieren, entspricht seiner vitalen Neugier und seinem intensiven Erlebnishunger. Sich Festgefügtem einzuordnen, widerstrebt ihm elementar. Konsequenz und logische Vernunft sind ihm zuwider. Alles Erleben, das die bürgerlich gesteckten Grenzen überschreitet, zieht ihn stattdessen an. Er strebt danach, sein Ich in sanguinischer Ausweitung zu überschreiten. Riemann schreibt: *„Er liebt Glanz und Pracht, Feste und Feiern; er kann die Feste feiern, wie sie fallen, und versteht es auch, sie zu gestalten, ist auf ihnen meist der Mittelpunkt durch Charme, Temperament, Gewandtheit und Direktheit. Todsünde ist nur, ihn nicht liebenswert zu fin-*

den. Das kann er schwer ertragen und kaum verzeihen. Man kann mit ihm ‚Pferde stehlen'. Je sensationeller das Leben ist, umso besser!" (Riemann, Grundformen der Angst, S. 164)

Darstellungstypen finden sich besonders häufig unter den Schauspielern oder den Moderatoren des Fernsehens. Ist der Darstellungstyp eine Frau, so wird das Bedürfnis zu gefallen besonders in aufwändiger, extravaganter Kleidung mit viel Schmuck und Lifting-Aufwand zu erreichen versucht. Nicht selten versuchen Darstellungsfrauen, die Menschen in ihrer Umgebung durch Mitleid erregende Nöte zu ständig neuer Aufmerksamkeit für sie zu zwingen. Sie entwickeln gelegentlich eine große Könnerschaft in gespielter Larmoyanz.

Übersteigerte Ansprüche dieser Art beschwören aber Misserfolge herauf und provozieren auch hier Auszug aus einem nicht mehr erfolgversprechenden Umfeld und Suche nach neuer Selbstbestätigung durch neu einzufangende Bewunderer. Die Suche nach Wechsel und Abwechslung ist deshalb wesentlich. Deshalb auch hat der Darstellungstyp wenig Verständnis für den Wert der Treue. Dennoch braucht er nicht nur die vielen, sondern auch den *einen* nahen Menschen, gewissermaßen als „Anker". Allein fühlt er sich schnell leer und wie eine Nussschale im Ozean. Sein eher schwaches Ich fürchtet dann, gänzlich konturlos zu werden.

Der Darstellungstyp hat eine nur oberflächliche Beziehung zur Wahrheit. Um mehr Erfolg zu haben, neigt er zu einem bedenkenlosen „corriger la fortune". Das kann so weit gehen, dass er seine fantasiereichen Lügenmärchen schließlich selbst glaubt, sie für die Wirklichkeit hält und sich damit schwungvoll in den Vordergrund spielt. Unter Umständen kann er dabei die Realität aus dem Auge verlieren.

Der Darstellungstyp ist ein Genießer. Das Leben „tierisch ernst" zu nehmen und sich einengender Verantwortungen auszuliefern ist ihm fremd. Immer Neues schwungvoll in Gang zu setzen ist sein Bestreben.

Ein Beispiel soll das Gesagte konkretisieren: Er war ein „Kölscher Junge“, und schon vom Grundschulalter ab hatte er immer eine „Gang“ um sich, der er die schönsten Einfälle bei ihren nimmermüden Streichen vermittelte. Im Klassenzimmer spielte er gekonnt den Clown, der das Schulleben seiner Kameraden wesentlich erleichterte, weil es immer etwas zu lachen gab.

Er war der einzige Sohn einer Friseuse, die ihn unehelich zur Welt gebracht hatte. Seinen Vater hatte er nie kennengelernt. Seine Mutter liebte ihn abgöttisch; aber er lief ihr als Sechzehnjähriger dennoch davon und kam ihr erst wieder unter, als er nach einer spektakulären Moderation einer Talkshow im Fernsehen plötzlich in aller Munde war. Jetzt lagen ihm die Frauen zu Füßen, aber er rettete sich vor ihren Umschlingungen mit einem Filmvertrag in Hollywood.

Ein Verriss in der Regenbogenpresse löste eine Flucht nach Singapur aus, wo er eine Weile in einem Schmierentheater spielte, bis er auch dieses Engagement hinwarf und sich schluchzend an die Brust der alten Mutter warf. Ihre getreue Bewunderung tat ihm gut, und so machte er einen neuen Bühnenversuch, diesmal am Hamburger Theater. Hier, bei den trockenen Hamburgern, fand sein Temperament die Anbetung, die er brauchte – wenn er dabei nicht an eine nörgelnde, kritische Chefin geraten wäre. Eine schnippische Rüge von ihr bescherte ihm einen Bluthochdruck, dem er keine Beachtung schenkte. Als Maître de Plaisier starb er mit dem Sektglas in der Hand auf einer Party an einem Herzinfarkt …

Mit dieser Beschreibung sollen nur die gröbsten Züge der Charaktere dargestellt werden. Es soll den Fragenden lediglich möglich werden, die eigenen vorherrschenden Charakterzüge ein wenig deutlicher zu erkennen und damit auch in Bezug auf die mögliche Wahl eines passenden Menschen klarer zu sehen. Mit der Kenntnis und dem Annehmen der eigenen Struktur ist das „eigentliche Wesen“ des einzelnen Menschen allerdings noch keineswegs voll ausgelotet. Hinter unserem Typ, der ein oft sehr sichtbares, weil vorherrschendes Stück unserer Charaktergestalt ausmacht, steht ein Wesenskern, gewissermaßen die Idee des einzelnen Menschen. Sich zu ihr zu überwinden ist eine wichtige Lebensaufgabe.

Wir können zur Verwirklichung eines ausgewogenen Wesens nur kommen, wenn wir erst einmal bereit sind, unsere Unvollkommenheiten, unsere Schwächen ohne Kränkung oder Elternbeschuldigungen als unser So-Sein anzunehmen. Nur so haben wir die Chance, an unserer Ergänzung realitätsgerecht zu arbeiten. Wir brauchen uns also, selbst wenn wir unsere Struktur und die der Menschen unserer Umgebung erkannt haben, keineswegs einzubilden, wir würden uns und unsere Nächsten in ihrer Totalität, in der Fülle ihrer Möglichkeiten, kennen. Was uns sichtbar werden kann, ist nur das, was zurzeit vorherrscht.

Niemals ist das einzelne Individuum ein ausschließlich „reiner Typ". Der ist immer eine Abstraktion. Mischstrukturen sind vielmehr das Übliche. Anscheinend treten Tendenzen zum Einsiedler- und Ordnungstyp (auch in Kombination) in unserem Kulturkreis häufiger bei Männern auf, sich verströmende und darstellende Charakteristika werden eher bei Frauen offenkundig. Eine Mischung von extremen, krankhafte Grade erreichenden Ausprägungen vom Einsiedler- und Hingabetyp in einer Person findet ihren Niederschlag in der so genannten „neurotischen Verwahrlosung" mit den drei Kennzeichen: Passivität, Bindungslosigkeit und Ordnungsfeindlichkeit. Von krankhaften Charakterstrukturen soll aber erst am Schluss dieser Schrift die Rede sein.

Vorab muss zwecks besserer Unterscheidungsmöglichkeit lediglich festgestellt werden: Schwere Neurotiker, gleich welcher Struktur, sind ohne Behandlung gemeinschaftsunfähig, weil sie verwundet und elend allein um ihr eigenes Ich kreisen. Der schroff abweisende, eisig schweigsame, mit hässlichen Worten herabsetzende Einsiedlertyp, der alles und jedes ohne Maß und Grenze haben wollende depressive Hingabetyp, der sadistisch quälende, abwürgend Macht ausübende zwangsneurotische Ordnungstyp, der hemmungslos geltungssüchtige, egozentrisch brillierende hysterische Darstellungstyp sind uneinnehmbare Festungen für die, die nach gemeinschaftlicher Lebensarbeit und ausgewogener Kommunikation suchen. Solche Menschen sollten, bevor sie erfolglos neue Verbindungen eingehen, sich auf den Weg zu einem tüchtigen Psychotherapeuten machen, ehe sie den Partner oder gar eine ganze Familie durch ihre Unerträglichkeit zerrüttet haben. Ein Angehöriger ist überfordert, wenn er solche schwersten Charakterverbiegungen heilen soll.

Wenn solche Wege zur Heilung nicht möglich sind, ist es ehrlicher, fairer und mutiger, wenn Menschen, die Einsicht in ihre Unverträglichkeiten haben, es sich zum Ziel setzen, selbst Schritt für Schritt an der Überwindung der eigenen Schwierigkeiten zu arbeiten.

In den folgenden Kapiteln soll aber nur von den gewissermaßen „normalen", schwach ausgeprägten Typen die Rede sein. Als Voraussetzung dazu soll zunächst der Versuch gemacht werden, sich bewusst zu machen, dass es Formen von Fasziniertheit gibt, die wie Irrlichter zu Täuschungen führen und das Hinfinden zu wirklich passenden Gefährten gelegentlich sogar verhindern können. Das muss bedacht werden.

3. Die Anziehung durch Gegensätzliches

a) Psychische Faszination

„Gegensätze ziehen sich an“, sagt bereits das Sprichwort zu Recht. Das Gegensätzliche kann in den verschiedensten Variationen faszinieren: Viele Mädchen heute sind von dem ganz fremden Mann aus dem ganz fernen Land mit der ganz anderen Hautfarbe und den ganz unbekannten Sitten hochgradig fasziniert. Mancher alte Mann liebt das ganz junge Mädchen, manche jungen Frauen werden immer wieder von weißhaarigen Weisen angezogen. Heute kommen Verbindungen zwischen älteren Frauen und jungen Männern immer häufiger vor. Dass der Reiche in verliebter Wohltätigkeit das arme Mädchen nimmt, dass die Prinzessin mit dem Diener durchbrennt, sind beliebte Motive von Sensationsgeschichten zu allen Zeiten gewesen. Gerade die nicht zugänglichen, unerreichbar weit entfernten Männer, die Filmstars, die Verheirateten, Dichter und Helden werden idealisiert und besonders von jungen Mädchen zum Traum ihrer schlaflosen Nächte.

Aber diese Anziehung bezieht sich nicht nur auf den Gegensatz von Rasse, Lebensalter und Herkommen, sie tritt auch nur allzu häufig bei gegensätzlichen Verhaltensstilen und Charaktereigenschaften zu Tage. Der Stille liebt die Lebendige, die Kalte den Gefühlsreichen, die Nachteule den Frühaufsteher, der Verschwender die Sparsame und die Unordentliche den Ordentlichen. Der Ungesellige fühlt sich von der größten Betriebsnudel seines Umkreises angezogen, die versponnene Poetin liebt den

Schauspieler, der Hans-Dampf-in-allen-Gassen ist. Hat das einen Sinn? Wie lässt es sich erklären, und kann daraus dauerhafte Gemeinschaft erwachsen?

Dieser merkwürdige Drang des Menschen beruht, so haben uns vor allem die Tiefenpsychologen der Schule C. G. Jungs deutlich gemacht, auf einem starken Antrieb des Menschen: auf dem inneren Bedürfnis, sich zu vervollkommnen. Dieser Drang ist keineswegs gleichzusetzen mit einem im Grunde missbräuchlichen Streben nach absoluter Fehlerlosigkeit, nach Perfektion. Das seelische Urbedürfnis nach Vervollkommnung hat etwas mit dem Trachten nach Ausgewogenheit, mit dem Abbau quälender Gegensatzspannung, nach Ausfüllung eines Defizits, nach Ausgleich der psychischen Kräfte zu tun. Ergänzung wird gesucht, um seine eigene Mitte zu finden. Ein Zentrum des Friedens durch Ausgeglichenheit wird angestrebt.

Der Drang nach Ergänzung ist im Menschen meist ebenso elementar vorhanden wie total unbewusst. Deshalb bekommt der Versuch, dieses Ziel durch Vereinigung mit einem anderen Menschen, am besten durch einen vom Gegengeschlecht, zu erreichen, großes Gewicht und erscheint dem Menschen oft von zwingender Notwendigkeit. Deshalb nimmt der Zustand der Verliebtheit berechtigterweise so ganz und gar ein, deshalb wird das Angezogensein als eine so „einmalige“ Hoffnung, als ein neues Kräfte steigerndes Glücksgefühl erlebt. Deshalb erfährt der Mensch in der leiblichen Vereinigung mit einem geliebten Menschen auch keineswegs etwa nichts weiter als orgastische Geschlechtslust, einen Kitzel des Körpers, sondern den Höhepunkt allen Glücks: das Heilwerden der ganzen Welt durch das Zusammenfügen zweier Halbheiten zur Ganzheit. „Jetzt ward die Welt vollkommen“, heißt es deshalb treffend in einem Gedicht über diesen Gefühlszustand.

Der Geschlechtsakt zweier Liebender ist deshalb für sie so überwältigend und überzeugend, weil er ein Schöpfungsziel gewissermaßen vorwegnimmt: die Überwindung der harten Gegensätze in der Welt durch ihre Vereinigung als Paar. Deshalb wird Spannung und Entspannung umso eindrücklicher erlebt, je fundamentaler die charakterlichen Gegensätze des Paares sind. Deshalb bleibt Homosexualität tragische Abweichung vom Urdrang; denn sie kann die Totalität der Entlastung, die durch das Zusammenfallen der polaren Spannung bewirkt wird, nicht erbringen. Aber dennoch wird auch hier Ausgleich einer übersteigerten Einseitigkeit gesucht. Darauf soll in einem anderen Kapitel ausführlicher hingewiesen werden.

In der Vereinigung von Mann und Frau hingegen scheint alle kosmische Spannung, die die Dynamik der Welt ausmacht, der Gegensatz von Natur und Geist, Gottvater und Mutter Erde, von Tag und Nacht, Himmel und Erde, Feuer und Wasser aufgehoben. Makrokosmos stellt sich dar im Mikrokosmos, und der Mensch hat in aller Unbewusstheit, allein durch sein symbolhaftes Handeln, teil am Anfang und Ende der Welt. Das ist der Grund, weshalb der Vereinigung zweier Liebender ein so aus den Angeln reißender Gefühlswert innewohnt. Deshalb trifft Mozart so zentral den Kern dieses Mysteriums, wenn es in der „Zauberflöte" heißt: „Mann und Weib, Weib und Mann reichen an die Gottheit an."

Deshalb bedeutet der modische Trend, die Geschlechtlichkeit allein auf die nackte Sexualität mit beliebigen Objekten zu reduzieren, einen Seelenverlust für den Menschen. Denn er nimmt ihm die Möglichkeit, durch Partizipation am Mysterium die Grenzen seines Ich zu überschreiten, für einen Moment der schmerzhaften Vereinzelung zu entrinnen und mit dem Wesen der Dinge zielhaft vereint zu sein.

Dieses Glück ist Vorgeschmack auf die Ewigkeit. Deshalb, vor allem deshalb, wird es von den Menschen so sehr ersehnt und oft auf völlig unzureichende Weise immer wieder erstrebt. Deshalb bedeutet das Wagnis der Liebe, das Heraustreten aus sich selbst, das Einfühlen, das Hinübertreten, Anvertrauen und Sichausliefern an den anderen bei aller Möglichkeit zu Irrtum, Täuschung und Ent-Täuschung bereits in sich einen Wertzuwachs, ist seelischer Gewinn; denn er beschenkt mit dem Erlebnis absoluter Wahrheit, das richtungweisend das zentrale Ziel der Schöpfung andeutet.

Das Urprinzip alles Lebendigen, der Drang nach liebender Vereinigung, regiert deshalb auch in dem Bedürfnis, sich außerhalb aller geschlechtlichen Erotik mit einem charakterlich stark gegensätzlichen Menschen zu verbinden.

Mit Recht hat der Mensch, meist nur dumpf, das Gefühl, dass er eine Halbheit ist, dass nur einiges in ihm entwickelt, anderes zurückgedrängt und unentwickelt geblieben ist. Er hat normalerweise nicht im Bewusstsein, was das ist, aber in seinem Unbewussten lebt zwingend das Bedürfnis, sich zu ergänzen. Dieses Bedürfnis wird, wie gesagt, im Allgemeinen in die Außenwelt projiziert und mit Hilfe des Partners zu verwirklichen gesucht. Denn in der Tat: Es wäre ja gut, wenn der Geizige ein wenig abgabebereiter, der Spontane ein wenig nachdenklicher, der Verschlossene ein wenig offener und der Geschwätzige ein wenig zurückhaltender wäre!

Es würde für den Menschen Zugewinn bedeuten, wenn er durch Anpassung an seinen gegensätzlichen Mitmenschen eine Nachreifung der unterentwickelten Eigenschaften vollziehen könnte. Gar nicht einmal so selten gelingt das auch und dient dann als Gewinn, aber nur unter der Voraussetzung, dass beide sich mit Achtung und Respekt voranhelfen und darauf verzichten können, sich gereizt gegen die Andersartigkeit des anderen zu wehren und ihn bei seinen Rückfällen in die Einseitigkeit zu verspotten und zu kränken.

Aber es gibt Gegensätze, die sehr groß sind, die nur schwer mit gutem Willen überwunden werden können. Besonders deutlich tritt das in Erscheinung, wenn sich zwei Angehörige verschiedener Kulturkreise zusammenschließen. Kürzlich sagte eine deutsche Frau, die vor zehn Jahren einen Chinesen geheiratet und mit ihm in den USA gelebt hatte: „Ich musste mich von meinem Mann trennen, denn er war so eingebettet in Traditionen, die mir noch heute unverständlich sind, dass ich bei ihm keinen Boden unter die Füße bekam. Wenn ich es mir recht überlege, habe ich ihn auch nur geheiratet, weil ich auf eine geradezu verzauberte Art in ihn verliebt war und hoffte, deutsch-chinesische Kinder zu bekommen."

Psychisch hatte der irreale, projizierte Wunsch nach Verschmelzung der Gegensätze diese Entscheidung bestimmt. Wenn das Sehnen nach Vereinigung mit dem Gegensatz radikal einseitig nach außen projiziert wird, kann das offenbar Anmaßung bedeuten. Die Dreißigjährige, die dem Fünfundachtzigjährigen Alterspflegerin sein soll, hat sich nur allzu oft in tiefer, unbestimmter Enttäuschung, ja mit Ekel von ihrem für sie zu alten Mann abgewandt; der junge Mann läuft der Matrone davon, wenn er (vielleicht mit ihrer Hilfe?) die Fixierung an die Mutter überwunden hat.

Die Ergänzung, die Vervollkommnung des Menschen, ist nur in seltenen Glücksfällen dauerhaft durch Projektion in äußere Umstände hinein zu erringen. Der Drang zur Vervollkommnung gehört vor allem zu den Motoren der Selbsterziehung des Menschen, und die ist eine sehr viel realistischere und dauerhafte Möglichkeit, um dem Drang nach Vervollkommnung an einer anderen Person zu verwirklichen. Sie bedarf freilich einer großen, anstrengungsbereiten Bemühung um Selbsterziehung. Es ist deshalb auch sinnvoll und notwendig für den Menschen, aus seinen Fasziniertheiten zu lernen, statt einen oft vielleicht doch zu gegensätzlich veranlagten Menschen an sich zu binden und unbewusst Erwartungen an ihn zu knüpfen, die er, da er von anderen Gesetzen und Begabungsentfaltungen abhängig ist, gar nicht erfüllen kann. Es ist ein oft nicht zu verwirklichender Anspruch an den anderen, die fehlende Ausgeglichenheit durch ihn zu erhalten. Sie ist eher durch Selbstergänzung zu erreichen.

Besonders eindrücklich sind mir in der Praxis Fehlerwartungen dieser Art bei Paaren sichtbar geworden, bei denen die Männer unter dem Zwang einer gefühlsverdrängenden Erziehung von ihren Frauen erhofften, dass ihnen die fehlende Fühlfähigkeit täglich frei Haus zur Verfügung gestellt würde. Aber selbst wenn diese sich Mühe gaben, konnten sie nicht verhindern, dass manche dieser Männer im Laufe der Zeit mit dieser „Bedienung" zunehmend unzufriedener wurden; denn schließlich konnten die Frauen durch ihre Zuwendung nicht einfach bewirken, dass ihre Ehemänner ihre Gefühlsentwicklung nachholten. Da sie selbst Gefühl als „Weiberkram" abwerteten, da sie die Dominanz männlicher Eigenschaften, wie Familienregierung, Berufstüchtigkeit, logischer Scharfsinn und realitätsgerechte Nüchternheit, zu präsentieren hatten, machte sich die Unterentwicklung des Gefühls zunehmend in Leere, Gelangweiltheit, motorischer Unruhe und allgemeiner Unzufriedenheit bemerkbar.

Da solche Männer längst aufgehört haben, an ihrer totalen Vollkommenheit auch nur eine Sekunde lang zu zweifeln, da sie selten einmal darauf kommen, bei ihren Frauen anzufragen, in welcher Hinsicht diese bei ihnen selbst Mängel entdeckt hätten, und sie dann gar bitten, Änderungsvorschläge zu machen, bleibt diesen Männern nur der Weg, die eigene Unterentwicklung auf die Frau zu projizieren und ihr täglich nörgelnd irgendeine Unzufriedenheit mit ihr (mit ihrer Küche, ihrem Auftreten, ihren Gewohnheiten, ihrem gesamten Sein) vorzuwerfen.

Solche Entwicklungen pflegen in schwere Krisen zu treiben, zum Beispiel wenn der Mann durch eine Pensionierung plötzlich ständig zu Hause ist; denn diese Frauen haben heute nicht selten den geistigen Ergänzungsanspruch, der für sie zur Vervollkommnung am wichtigsten ist und den sie zunächst auf ihren Mann projizieren, in irgendeiner Fortbildungsinstitution nachholen können, und stehen nun dem immer noch ergänzungsbedürftigen Partner viel runder und heiler gegenüber. Manche dieser Männer gehen an dieser ihnen gänzlich unbewussten Not zu Grunde, sterben ohne äußere Konfliktsituation einen raschen Herztod oder nehmen sich gar das Leben. Ein Beispiel soll diese Konstellation verdeutlichen:

Ein ehrgeiziger Gelehrter hatte vornehmlich für seine Karriere gelebt – Frauen, auch seine eigene, schienen ihm allein schöner Schmuck auf seinem *so* bedeutenden Lebensweg. Er führte, wo immer er die Macht hatte, ein Regiment in Zucht und Ordnung, dominierte durch seine Ansprüche, seine Verbote und herrschte, wenn er nicht durchkam, mit Hilfe von theatralischen Wutausbrüchen. Seine Ehefrau, aus kleinbürgerlichem Haus stammend, hatte sich zwar zunächst diesem Verhaltensstil vornehmlich angepasst, war aber dann, da sie sehr viel allein gelassen wurde, nach dem Großwerden ihrer Kinder darum bemüht gewesen, ein Dolmetscherexamen nachzuholen und sich durch Gelegenheitsarbeiten mehr und mehr auf die eigenen Füße zu stellen. Sie hatte eine Fülle geistiger Interessen ausgebildet.

Ihr Mann hingegen hatte seine Einseitigkeit nicht aufgegeben und begann infolgedessen nach seiner Pensionierung unerträglich zu werden. Er weckte seine Frau nachts, damit sie mit ihm wache, wenn er trotz massiver Schlafmittel nicht schlafen konnte. Er verstand seine Schlaflosigkeit nicht als einen Unruhezustand seiner Seele, die ihm die Notwendigkeit zur Besinnung und nachdenklichen Selbstkritik signalisierte, nein, er ging den primitiv-bequemen Weg; er warf seiner Frau vor, sie sei an allem schuld, ihr Essen sei unbekömmlich, ihre Zuwendung für ihn unzureichend, er verdächtigte sie eifersüchtig, einen Liebhaber zu haben.

Nach einer solchen Nacht, in der er versucht hatte, seine Frau stundenlang wachzuhalten, und sie schließlich doch übermüdet wieder eingenickt war, nahm er seine Jagdflinte und schoss sich eine Kugel ins Herz. „Du konntest mir nicht mehr genügen“, stand in einem Abschiedsbrief.

Es ist grundsätzlich ein fataler Irrtum, wenn zwei Lebenspartner meinen, sie könnten durch die Heirat mit einem stark gegensätzlichen Partner um die Nachentwicklung der zurückgebliebenen seelischen Funktionen herumkommen. Die gegensätzlichen Eigenschaften des Partners können allenfalls so etwas wie Orientierungsmarken sein, Leuchttürme, die dem noch in dunkler Unbewusstheit Lebenden Lichtmarken setzen können, nach denen er sich richten kann. Wer starrsinnig und bequem an der Fehlerwartung festhält, der andere habe die Vollkommenheit zu erstellen, zahlt diese Zeche mit der Stagnation der eigenen Entwicklung. Es ist deshalb von großer Wichtigkeit, sich über die Hilfe und die Begrenztheit der Hilfsmöglichkeit, die durch die gegensätzlichen Eigenschaften des Partners bestehen, bewusst zu werden.

b) Biologische Faszination

Während es psychische Anziehung der eben beschriebenen Art in einem weit ausgedehnten Bereich menschlicher Beziehungen gibt, ist eine Fasziniertheit anderer Art vornehmlich eine Angelegenheit gegengeschlechtlicher Menschen. Gemeint ist die biologische Faszination.

Ich frage in meiner Praxis verliebte junge Leute regelmäßig danach, was sie an ihrem Partner so entzückt, und mache die Feststellung, dass es häufig, wenn auch nicht immer, äußere, mit den Sinnesorganen wahrnehmbare Merkmale sind, die die Faszination auslösen. Die Mädchen sagen häufig: „Ich finde seinen Dreitagebart toll“ oder: „Wie er sein Haar trägt“ oder: „Wie er es zurückwirft“ oder „Ich mag seine schlanken Hände.“ Manche geben zu: „Mich fasziniert die stramme Hose, wie sie sich über seinen Po spannt“ oder: „Überhaupt, wie er so geht.“ Andere sagen: „Er hat ganz fabelhafte Arme, so stark, und so breite Schultern.“

Bei den jugendlichen Männern ist die Anziehung durch körperliche Merkmale noch offenkundiger. „Sie hat einen aufregenden Busen“, sagt der eine, der andere: „Wie sie sich so dreht – vor allem dann, wenn sie einen Minirock trägt – das ist besonders faszinierend. Ich kann eigentlich nicht genau beschreiben, was es ist.“ – „Sie kann auf eine Weise die Augenbrauen hochziehen und mich anschauen, dass es mir durch und durch geht“, sagte ein Sechzehnjähriger über seine Freundin. – „Wie sie mit dem Fuß wippt und die Beine übereinander schlägt!“ meint ein anderer.

Viele fügen dann freilich noch hinzu: „Er (sie) hat einen fabelhaften Charakter. Man kann mit ihm (ihr) reden. Wir verstehen uns auf Anhieb. In allem haben wir die gleiche Meinung. Er (sie) ist ganz anders als die anderen, einfach besser. Er (sie) ist schon reifer, keine(r) von diesen dummen Hammeln (Gänsen), mit denen man gar nichts anfangen kann."

„Sie macht mich einfach verrückt mit diesem Geruch", sagt ein junger Mann, „dabei weiß ich ja, dass sie nur ein bestimmtes seltenes, immer gleiches Parfüm benutzt – aber trotzdem: Dieser Geruch ist die Hauptquelle meiner Aufregung."

Die Reihe dieser Beispiele ließe sich beliebig verlängern. Über diesen Aspekt unserer Fasziniertheit haben uns ausgerechnet die Tierverhaltensforscher gründlich die Illusionen genommen. Sie haben uns bewiesen, dass zu der Zeit, in der die Natur Fortpflanzung anordnet, bei Pflanze und Tier bestimmte, starr festgelegte Merkmale von Farben, Formen oder Düften als Auslöser für jene Anziehung auftreten, die die Antriebskräfte der Fortpflanzung aktivieren.

Ganz undifferenziert wird auch der geschlechtsreife Mensch immer noch dranghaft von solchen Antriebskräften bewegt, die den Zweck haben, „zu Paaren zu treiben". Das Weibchen schlechthin, das Männchen an sich ist gemeint. Zwar sind die Auslöser bei den Menschen nicht so starr festgelegt wie bei den Tieren – sie lassen sich modisch abwandeln und variieren, sie beziehen sich nicht nur auf die primären oder sekundären Geschlechtsmerkmale – und doch haben diese häufig den Vorrang: der rote Mund, die dekolletierte Brust, die wiegenden Hüften. Aber wie die Fülle der Lockung durch die Mode im Laufe der Jahrhunderte beweist, ist der Fantasie des Menschen zur Entdeckung und Propagierung variierter Auslöser kaum eine Schranke gesetzt, und ein großes Potential an menschlicher Energie steht heute immer noch (meist gänzlich unbewusst) im Dienst dieser biologischen Mechanismen.

Das ist kein Anlass zu moralischer Entrüstung oder auch nur zu überheblicher Verdrängung solcher Regungen in uns. Aber die Kenntnis dieser Zusammenhänge kann uns helfen, besser zu unterscheiden und infolgedessen zunächst einmal nicht vorschnell zu entscheiden. Das entflammte Gefühl unruhvoll gespannter Verliebtheit braucht nicht abgewürgt zu werden – aber man besiegelt es auch nicht stehenden Fußes mit Standesamt und Traualtar! Wurde die Faszination nämlich nur durch biologische Auslöser hervorgerufen, so pflegt sie meist nicht von langer Dauer zu sein, denn auf dieser Stufe kommt es noch keineswegs in irgendeiner Weise auf individuelle Eigenschaften an. Deshalb kann das Objekt der Verliebtheit bei dieser Art der Faszination relativ rasch wechseln und wird deshalb manchmal sogar ausgetauscht.

Es ist aber auf die Dauer nicht befriedigend, ein Schmetterlingsdasein dieser Art zu führen. Der Mensch ist ja kein Tier, wenn er auch viele Bereiche des Tierischen in sich trägt. Geht er über Jahre und Jahrzehnte ausschließlich seinen biologischen Bedürfnissen nach, so unterschätzt er sich und seine Aufgaben als Mensch – ein Irrtum, der schwere Lebenskrisen heraufbeschwören kann, die zur Veränderung herausfordern.

Wenn zwei Menschen sich allein auf Grund der biologischen Anziehung heiraten, so pflegt das nur gut zu gehen, wenn beide in der Ehe eine psychische Entwicklung durchmachen. Zwei Menschen passen nicht einfach auf Grund ihrer sexuellen Faszination für ein ganzes Leben zueinander. Unser Körper altert, und mit ihm nimmt die Faszination durch das Äußere ab. Die hektische Nervosität, mit der viele Frauen den in den Zeitschriften bekundeten Schönheitserhaltungsrezepten nachkommen, spricht dafür, wie sehr sie auf Äußerlichkeit setzen. Selbst die Sechzigjährige hat noch attraktiv zu sein, und sie unterwirft sich diesem Unsinn oft mit kostspieligem und gesundheitsschädigendem Radikalismus, obgleich sie in dieser Schlacht unzweifelhaft die Verliererin sein muss: Auf die Dauer wird die junge Eva sie zur Seite drängen. Auf *dieser* Ebene des Wertens muss das Alte dem Jungen gegenüber den Kürzeren ziehen!

Es gibt aber heute noch viele Menschen, die ohne nachzudenken meinen, es reiche als Voraussetzung zu einer Lebensgemeinschaft aus, wenn leibliche Anziehung und Übereinstimmung vorhanden sind. Nicht selten werden solche Ehen nach zwanzig- bis dreißigjähriger Gemeinschaft doch noch geschieden – eben weil die junge Konkurrentin auf den Plan tritt. Nicht immer zahlt aber in solchen Fällen die alternde Frau die Zeche allein: Es kommt in zunehmendem Maße vor, dass die junge Neuangetraute nach kurzer Dauer den rheumatischen Greis wieder verlässt – aus demselben Grund, aus dem ihr Ehemann seine erste Frau verließ: um sich etwas Frisches zu suchen! Die psychische Undifferenziertheit wird heute häufig schon von ihnen selbst bezahlt: indem sie ihr Alter in vereinsamter Hilflosigkeit verbringen müssen.

Zur Narretei der biologischen Auslöser gehört noch eine weitere, meist völlig unbewusst bleibende Gegebenheit: Die biologische Bereitschaft des Menschen, sich vom gegengeschlechtlichen Partner angezogen zu fühlen, wird in der Kindheit durch eine Vorprägung auf den gegengeschlechtlichen Elternteil abgesichert. Eine Weile, etwa zwischen dem fünften und siebten Lebensjahr, ist der kleine Sohn vorübergehend in die Mutter, die kleine Tochter in den Vater verliebt. Das Vor-Bild zur gegengeschlechtlichen Partnerschaft prägt sich ein. Generalisierte Angst vor Partnerschaft entsteht, wenn die Eltern an diesem wichtigen Zeitpunkt der Entwicklung ihrer Kinder versagen und anstatt als liebevoll als abstoßend und ängstigend erlebt werden. (Siehe auch: Christa Meves: Erziehen lernen. Resch, 1996. Dies.: Manipulierte Maßlosigkeit. Christiana 1997.)

Wenn aber die Eltern – unwissend über den Stellenwert der kindlichen Koketterie – diese zu betont und mit einem erotischen Akzent erwidern, so kann es zu einer unbewussten Fixierung der Tochter an den Vater, des Sohnes an die Mutter kommen. Viele Menschen mit einer solchen übersteigerten so genannten „ödipalen Bindung“ haben später Angst vor dauerhaften Bindungen jeder Art; andere sind immer dann fasziniert, wenn der Mensch, den sie kennen lernen, an das geliebte Vorbild erinnert. Oft sind das nur Details: die Stimme, Körperlänge, Augenbrauen, Augenfarbe, Beinform.

Eine solche Anziehung kann außerordentlich heftig sein und den Menschen oft über Monate und Jahre blind für den realen Charakter des Partners machen. Sie haben ihr geliebtes Vater- oder Mutterbild in diesen Partner hineinprojiziert. Selbst ein liebender Partner ist in solcher Situation hoffnungslos überfordert, da er dem vergötterten Elternbild nun einmal nicht gleicht und seinem eigenen Entwicklungsgeschehen entsprechend auch gar nicht gleichen kann. Der ödipal Fixierte aber wird ungerechtfertigterweise zunehmend von ihm enttäuscht, weil Wunschtraum und Wirklichkeit nicht miteinander übereinstimmen. Gelegentlich – besonders bei Frauen, die vaterlos aufgewachsen sind – hatte in ihrer Kindheit der ältere Bruder, ein Lehrer oder ein Onkel diesen Stellenwert eingenommen. Es ist infolgedessen sinnvoll, darüber nachzudenken, ob die Erinnerung an das geliebte Kindheitsvorbild am Beginn der Faszination stand. In solchen Fällen ist es gewiss richtig, durch ein wachsames Beobachten in den Griff zu bekommen, ob man an der Wirklichkeit vorbeiliebt.

Aus den Darlegungen der beiden letzten Kapitel ist hoffentlich deutlich geworden: Fasziniertheit – aus welchen Gründen auch immer – ist nicht im Mindesten geeignet anzuzeigen, dass man den passenden „Teilhaber“ gefunden habe. Als Voraussetzung dazu lohnt es, sich mit Hilfe der Typenlehre nach eigenen Ergänzungsmöglichkeiten umzuschauen, denn dann lässt sich eher erfassen, nach welchen Eigenschaften eines anderen man auf die Suche gehen sollte, um eher die Möglichkeit zu bekommen, ein harmonisches, zufriedenes Miteinander zu erreichen.

4. Ergänzungsmöglichkeiten durch Selbsterziehung

Eins ist aus dem eben Gesagten bereits deutlich geworden: In welcher Beziehung auch immer – je stärker ein Charaktertyp ausgeprägt ist, umso mehr existiert ein Bedürfnis nach Ergänzung gewissermaßen durch den Gegentyp. Wenn es nicht im Bewusstsein ist, dass es erfolgreicher ist, Ausgewogenheit durch Selbsterziehung, durch ein Nachholen der schwach ausgebildeten Seelenanteile zu erreichen, besteht eine Neigung, die Ergänzung im anderen zu suchen. Das kann bis zur Fasziniertheit führen, schon ganz und gar, wenn dieses Objekt vom anderen Geschlecht ist.

Auf der Suche nach einer zufrieden stellenden Gemeinschaft mit einem anderen Menschen sollen jetzt einige Schaltbilder voranhelfen. Das Ideal einer Ausgewogenheit in der seelischen Struktur besteht darin, in seinem Charakter die dominanten positiven Eigenschaften der vier Typen zu annähernd gleichen Anteilen in sich zu vereinen.

In einem solchen Fall (Abb. 1 auf Seite 49) sind verschiedene Eigenschaften aus den vier Typenbereichen zur Entfaltung gebracht worden.

Bei stärkerer Ausprägung eines dominanten Charaktertyps hingegen füllt dieser mit höheren Anteilen die seelische Struktur aus. Es sind zwar grundsätzlich alle Mischungsverhältnisse der verschiedenen Eigenschaften und Verhaltensweisen möglich, aber je mehr ein bestimmter Typ als charakteristisch hervortritt, desto mehr mindern sich die anderen. Auch die nur schwach in Erscheinung tretenden Seelenteile können in unterschiedlicher Quantität auftreten. Im Extremfall sind die anderen Eigenschaften gar nicht oder nur rudimentär vorhanden und schaffen auf diese Weise eine überzogene Einseitigkeit, die aber umso stärker ein (meist unbewusstes) Bedürfnis nach Ergänzung enthält. Häufig ist ein zweiter eher verwandter Typ teilweise vorhanden, während der stärkere Gegensatz fast ganz ausgeschaltet erscheint.

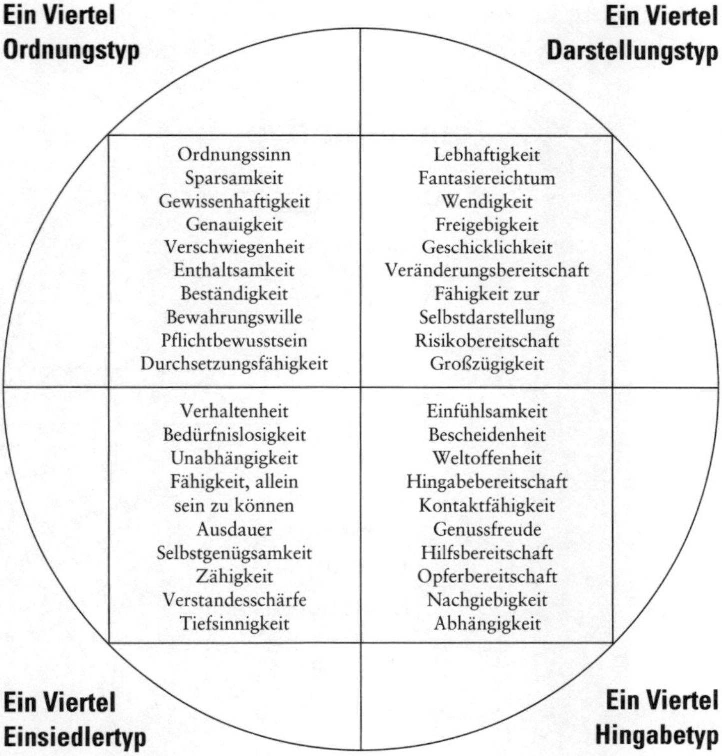

Abb. 1: Der ausgewogene Charakter

a) Einsiedlertyp

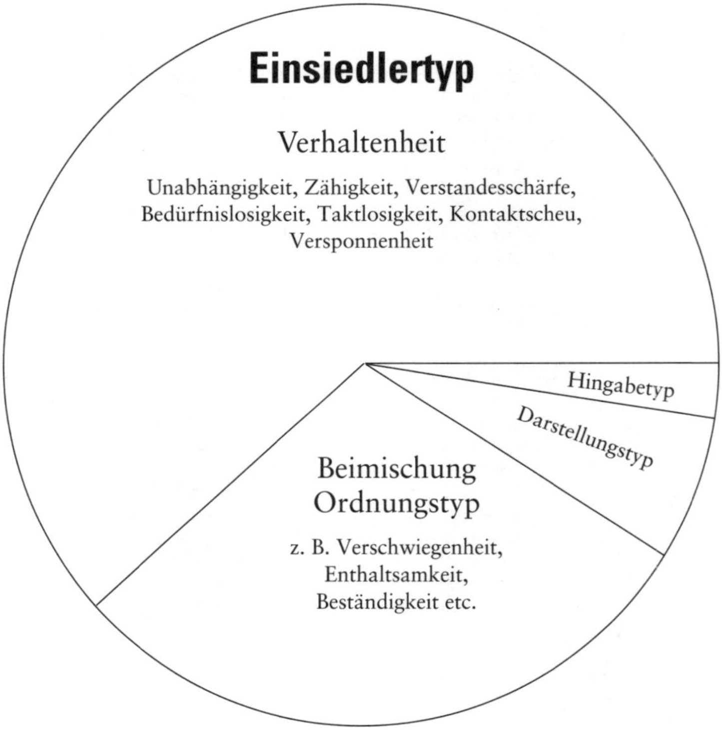

Abb. 2: Variante 1: Einsiedler-/Ordnungstyp

Beim Einsiedlertyp (Abb. 2) verstärken sich dann die übersteigerten Eigenschaften wie Kritiklust, Kontaktscheu und Versponnenheit. Zusätzlich ist am ehesten einiges vom Ordnungstyp vorhanden, während die weiteren Typenanteile nur schwach ausgebildet sind; gelegentlich einige Fähigkeit zur Selbstdarstellung, während der Hingabetyp am schwächsten ausgebildet ist.

Abb. 3: Variante 2: Einsiedler-/Ordnungs-/Darstellungstyp

Wenn sich der Einsiedlertyp (Abb. 3) – etwa durch Selbsterziehung – mehr zur Ausgewogenheit hinbewegt (und zum Beispiel nicht mehr als die Hälfte des Areals von ihm besetzt ist), schwächen sich zuerst seine übersteigerten Beeinträchtigungen ab, wie Kontaktscheu, Versponnenheit und Taktlosigkeit. Hingegen können jetzt Eigenschaften entwickelt werden, die den bisher kaum entwickelten Bereichen zugehören, wie zum Beispiel Fantasienreichtum und Großzügigkeit aus dem Darstellungsfeld. Der äußerste Gegensatztyp (das ist beim Einsiedler der Hingabetyp) bleibt bei dieser Konstellation aber meist weiterhin defizitär.

b) Hingabetyp

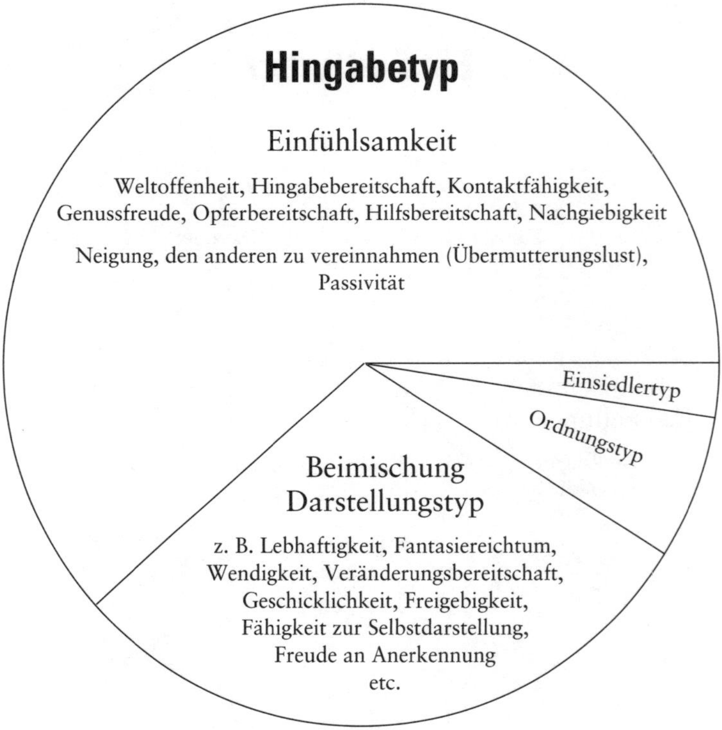

Abb. 4: Variante 1: Hingabe-Darstellungstyp

Ist der Hingabetyp sehr ausgeprägt, so hat er eine Neigung, den anderen zu vereinnahmen (Abb. 4). Verschwistert ist er in einer solchen Ausprägung am ehesten mit Eigenschaften des Darstellungstyps. Je stärker diese Typologie zum Ausdruck kommt, desto weniger treten die Charakteristika des Ordnungstyps und des Einsiedlertyps hervor. Ja, häufig gehen dem Hingabetyp die Möglichkeit zum Alleinsein, zu Ausdauer und Ordentlichkeit, die Fähigkeit, durchzuhalten und sich durchzusetzen, weit gehend ab.

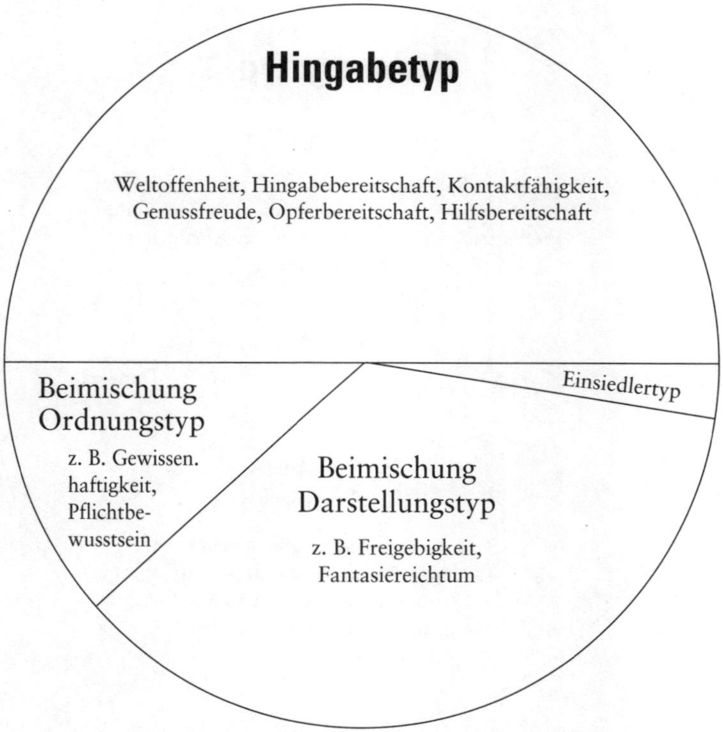

Abb. 5: Variante 2: Hingabe-Darstellungs-Ordnungstyp

Auch beim Hingabetyp schwächen sich seine Extreme (Vereinnahmungslust und Passivität) ab, wenn er nicht so massiv dominant ist (Abb. 5). Dann sind auch stärkere Beimischungen vom Ordnungstyp möglich, wie Gewissenhaftigkeit und Pflichtbewusstsein. Die Fähigkeit und Neigung zur Autarkie des Einsiedlers bleibt hingegen meistens auch dann unterentwickelt.

c) Ordnungstyp

Abb. 6: Variante 1: Ordnungs-/Einsiedlertyp

Bei einer stärkeren Ausprägung des Ordnungstyps tritt sein Bedürfnis nach Macht in den Vordergrund. Nicht selten ist er mit dem Einsiedlertyp verschwistert (Abb. 6). Am geringsten sind die Anteile des Darstellungstyps ausgeprägt. Eher gelingt ihm eine gelegentliche Hilfsbereitschaft.

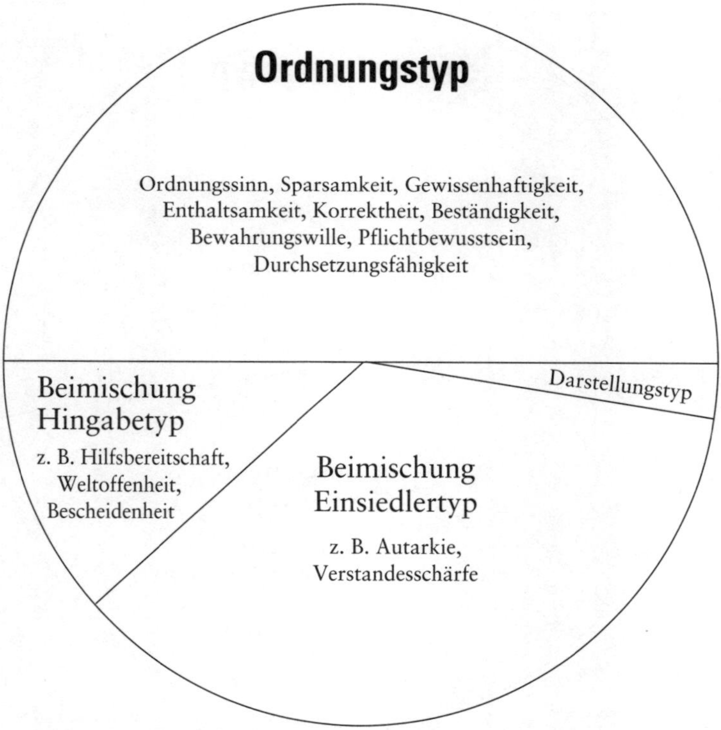

Abb. 7: Variante 2: Ordnungs-/Einsiedler-/Darstellungstyp

Die eher unangenehmen Eigenschaften sind auch beim Ordnungstyp in dem Maß weniger vorhanden, wie andere Beimischungen ins Gewicht fallen (am ehesten dann Eigenschaften außer aus dem Einsiedlerbereich nun auch vom Hingabetyp, wie zum Beispiel Bescheidenheit, Weltoffenheit und Hilfsbereitschaft). Die schwächste Funktion bleibt in dieser Konstellation die Fähigkeit zur Selbstdarstellung (Abb. 7).

d) Darstellungstyp

Abb. 8: Variante 1: Darstellungs-/Hingabetyp

Der Darstellungstyp in dominanter Ausprägung lässt dann auch seine Unbeständigkeit und seine Geltungssucht hervortreten (Abb. 8). Mit dem Hingabetyp ist er teilweise oft reichlich verschwistert. Die Einsiedlereigenschaft, allein sein zu können, ist ihm fremd, und auch Ordnungssinn geht ihm dann meistens ab.

Abb. 9: Variante 2: Darstellungs-/Hingabe-/Ordnungstyp

Bewegt sich der Darstellungstyp ein Stück weit auf normale Ausgewogenheit zu, so schwächen sich auch hier eher hinderliche Extreme, wie Geltungssucht und Unbeständigkeit, ab. Stattdessen kann nun sogar eine Beimischung vom Einsiedlertyp ausgleichend in Erscheinung treten, etwa Unabhängigkeit und Genügsamkeit (Abb. 9). Vermutlich schwerer ist es für den Darstellungstyp, Anteile vom Ordnungstyp nachzuentwickeln.

Die acht Schaltbilder stellen allerdings nur die häufigsten Mischungsverhältnisse dar. Sie sind in Wirklichkeit begreiflicherweise unüberschaubar groß und vielfältig. Sie können sich durch Selbsterziehung, durch eine analytische Psychotherapie oder durch den ergänzenden Einfluss eines Mitmenschen auch jederzeit zu mehr Ausgewogenheit verändern.

In einem abschließenden Schaubild soll verdeutlicht werden, wo bei welchem Charaktertyp dominante Defizite vorhanden sind. Die Grenzen können sich dabei allerdings durchaus verwischen. Jedenfalls hat jeder Mensch von einem sehr ausgeprägten Typ nie nur Defizite in einem zweiten Bereich allein, sondern ebenfalls Defizite in den weiteren beiden Bereichen.

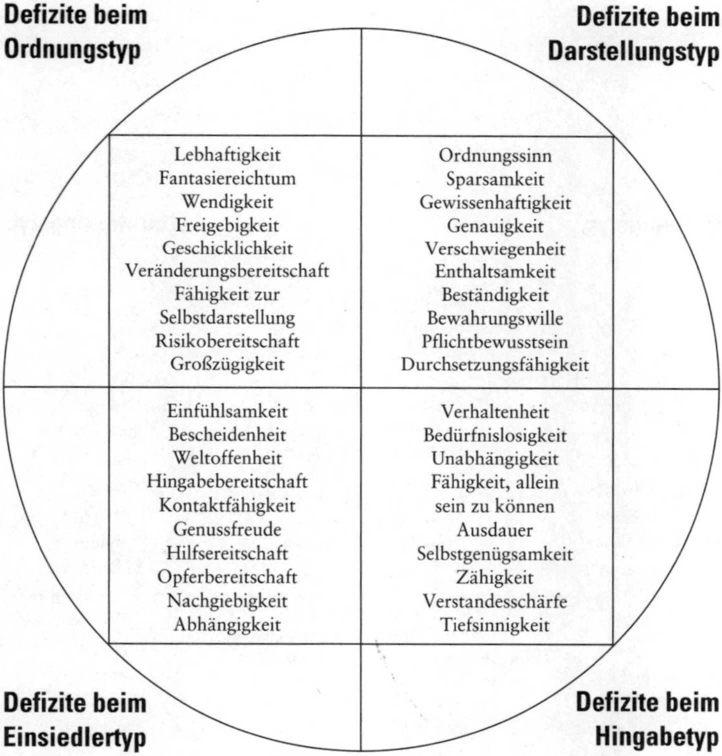
Defizite beim
Ordnungstyp
Defizite beim
Darstellungstyp
Lebhaftigkeit
Fantasiereichtum
Wendigkeit
Freigebigkeit
Geschicklichkeit
Veränderungsbereitschaft
Fähigkeit zur
Selbstdarstellung
Risikobereitschaft
Großzügigkeit
Ordnungssinn
Sparsamkeit
Gewissenhaftigkeit
Genauigkeit
Verschwiegenheit
Enthaltsamkeit
Beständigkeit
Bewahrungswille
Pflichtbewusstsein
Durchsetzungsfähigkeit
Einfühlsamkeit
Bescheidenheit
Weltoffenheit
Hingabebereitschaft
Kontaktfähigkeit
Genussfreude
Hilfsereitschaft
Opferbereitschaft
Nachgiebigkeit
Abhängigkeit
Verhaltenheit
Bedürfnislosigkeit
Unabhängigkeit
Fähigkeit, allein
sein zu können
Ausdauer
Selbstgenügsamkeit
Zähigkeit
Verstandesschärfe
Tiefsinnigkeit
Defizite beim
Einsiedlertyp
Defizite beim
Hingabetyp

Abb. 10

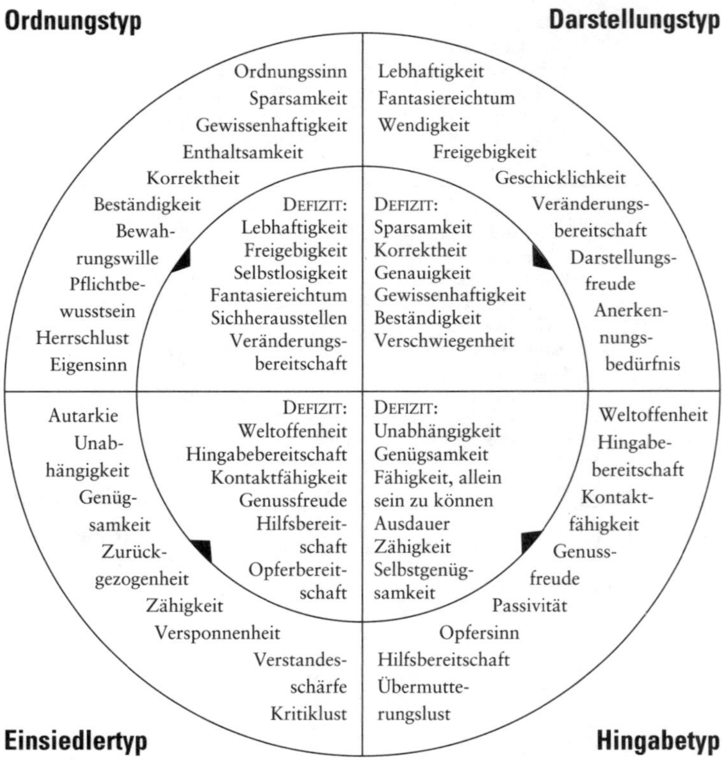

Abb. 11: Gesamtzusammenhang

5. Kombinationen gegensätzlicher Charakterstrukturen

Wer passt in Bezug auf diese Strukturen nun zu wem? Eines ist jetzt bereits deutlich geworden: Jede Verbindung sehr stark gegensätzlicher Menschentypen hat ihre spezifischen Chancen, aber auch ihre spezifischen Gefahren, ihren Glanz durch die Vereinigung der Gegensätze, aber auch ihr Elend in der Konfrontation mit dem so ganz anderen Lebensstil des „Fremden".

a) Verbindung Ordnungstyp mit Hingabetyp

Unter den Ehen, die sich durch Dauerhaftigkeit auszeichnen, ist die Verbindung zwischen einem Mann vom Ordnungstyp und einer Frau vom Hingabetyp die in unserem Kulturkreis häufigste Verbindung. Das hat sicher etwas damit zu tun, dass Ordnungstypisches den hormonellen Vorgegebenheiten des Mannes geradezu entgegenkommt. Die sich in der Pubertät stärker ausprägende Grobmotorik und Aggressionsbereitschaft, die größere technische Begabung, Zielstrebigkeit und Expansionsbedürftigkeit in der angeborenen Ausstattung vieler Männer bewirkt eine Neigung zur Ausprägung des Ordnungstyps schon ganz und gar, wenn die Gefühlsbereiche in der Kindheit wenig angesprochen und stattdessen der Intellekt durch unser Schul- und Ausbildungssystem vorrangig gefördert wurden. Die Ellenbogenmentalität des Ordnungstyps kann sich auf diese Weise jedenfalls bei den Leistungsfähigen unter den jungen Männern weidlich ausbilden.

Interessanterweise trifft dieser Typ des strebsamen Ordnungstyps heute nicht selten während seiner Ausbildung und im Beruf auf Frauen von sehr ähnlicher Mentalität, aber diese Frauen entwickeln sich nicht etwa zu Ordnungstypen, weil ihre Natur dem entgegenkommt, sondern weil sie sich dem vermännlichten Stil unseres Bildungssystems anpassen. Aber der Frau-Ordnungstyp zieht den Mann-Ordnungstyp nicht spontan an. Wenn er sich mit ihr verbindet, entspringt das meist rationalen Überlegungen.

Am meisten fasziniert wird der Mann vom Ordnungstyp eher von der Darstellungsfrau, weil sie für ihn den stärksten Gegensatz darstellt; aber weil deren Eigenschaften bei ihm defizitär sind, fürchtet er sich auch gleichzeitig vor ihr.

Am ehesten entschließt sich der Mann vom Ordnungstyp zur Ehe mit einer Hingabefrau, weil ihn die zunächst berechtigte Hoffnung besticht, dass er ihr gegenüber am ehesten sein Bedürfnis, zu führen, ja sie zu beherrschen verwirklichen kann. Die Hingabefrau kommt dieser seiner Neigung von Natur aus entgegen. Dem Geliebten „zu Eigen zu sein", wie es schon das Volkslied ausdrückt, entspricht ihrer hormonell bedingten Hingabe- und Verströmungsbereitschaft.

Wenn der Mann vom Ordnungstyp nicht allzu einseitig strukturiert ist, kann das zu einer sehr positiven, lebenslänglich glücklichen Gemeinschaft führen. Freilich nur unter der Voraussetzung, dass bei ihr keine zu großen Einseitigkeiten in den dominanten Eigenschaften des Hingabetyps vorhanden sind. Taucht bei der Hingabefrau der übermutternde Verschlingungsaspekt auf, kann sie den Mann entmachten, ohne dass ihm das rechtzeitig bewusst wird. Das kommt auf die Dauer seiner geistigen Verkümmerung gleich.

Mehr als häufig war freilich in der abendländischen Geschichte das Gegenteil der Fall: Die materielle Abhängigkeit der Frauen von ihren Männern bedeutete bis in das zwanzigste Jahrhundert hinein für den Ordnungsmann häufig eine Versuchung zur Machtanmaßung, ja nicht selten zur Versklavung der

Frau unter seinem rigiden Herrschaftsanspruch – zumal die große Zahl der Kinder sie oft in eine elende, unausweichliche Abhängigkeit zwang. In dieser Hinsicht hat unsere Zeit bei der Ehestruktur Ordnungsmann/Hingabefrau einen echten Fortschritt erbracht. Selten ist es ihm noch möglich, mit seiner Ordnungsstruktur einseitig zu wuchern, sodass die Frau dadurch in eine unentrinnbare Knechtschaft gerät. Durch ihre Möglichkeit zur finanziellen Unabhängigkeit und durch die Beschränkung der Kinderzahl ist selbst für die moderne Hingabefrau ein Freiraum entstanden, der die Möglichkeit des Ordnungsmannes zum Missbrauch seiner Macht durch Totalitätsansprüche einschränkt. Aber es gibt auch heute noch Verbindungen zwischen Ordnungsmann und Hingabefrau, die symbiotischen Charakter haben. Ihre Neigung zur Passivität lässt sie mehr Unbilligkeiten und Entwürdigungen ertragen. Manche Hingabefrauen sind auch nicht frei von Masochismus, die sie ihre Unterwürfigkeit unter seine Respektlosigkeiten genießen lässt.

Schwierig wird dieses Arrangement, wenn einer der Partner oder auch beide die defizitären Charakteranteile nachzuentwickeln beginnen: wenn der Ordnungsmann etwa plötzlich den größeren Spielraum des Darstellungstyps für sich in Anspruch zu nehmen beginnt und die Hingabefrau gar nicht mehr so ausschließlich die Nähe zu ihrem Partner sucht, sondern Freude an introvertierter Einsiedlermentalität in sich entdeckt. Wenn jedoch beide den Bogen nicht überspannen, kann sich die Gemeinschaft neu beleben. Auf gar keinen Fall sollte man die gewissermaßen „natürlichste“ Gegensatzverbindung unter den Typen – Ordnungsmann/Hingabefrau – für die einfach bequemste halten und sich damit nach der Hochzeit gewissermaßen „zur Ruhe“ setzen. Übt der herrschanfällige Teil hier seine Macht absolut aus, so ist immer die Gefahr groß, dass die unterschwellig depressive Struktur des Hingabetyps wirklich zur Depression oder zur schmollmündigen Aggression wird und die Machtausübung des einen in eine existenzielle Minderung des anderen führt.

b) Verbindung Darstellungstyp mit Ordnungstyp

Ein Gegensatz, der meist zu Zusammenstößen führt, ist die Verbindung zwischen einem Ordnungs- und einem Darstellungstyp; denn während der eine vor allem darauf bedacht ist festzuhalten (sich selbst, seine Zunge, seinen Besitz, seinen Partner, seine Lebensform), ist der andere geradezu darauf versessen, immer etwas zu verändern, die Umgebung, Menschen und Gegenstände zu wechseln, auszuwechseln, zu erproben, sich vor der Umwelt zu bestätigen. Während der Darstellende das Geld zum Fenster hinauswirft und auf der Jagd nach Anerkennung durch die Welt läuft, sitzt der Ordnungstyp zu Hause auf seinem Säckel und sammelt alles, was es zu sammeln gibt.

Riemann schreibt treffend: „*Den als zwangsneurotisch beschriebenen Typ (= der Ordnungstyp) reizt und fasziniert die schillernde Buntheit, Risikofreudigkeit und das lebendige Aufgeschlossensein für das Neue am hysterischen Typ (= Darstellungstyp), weil er selbst überwertig festhält, nichts riskiert, am Gewohnten haftet und immer auf Sicherheit bedacht ist. Und schließlich ist der hysterische Mensch (= Darstellungstyp) fasziniert von der ungemeinen Vitalität, Verlässlichkeit und dem In-der-Ordnung-Leben beim zwanghaften Menschen (= Ordnungstyp), weil er diese Seiten in sich selbst nicht genügend entwickelt hat und nun draußen am Partner sucht.*“ (Grundformen der Angst, S. 123).

Das atemberaubende Anfangsglück einer solchen Gemeinschaft kann daher ohne Einsicht rasch an den Unvereinbarkeiten der Ziele ins Wanken geraten. Aber es kann ihr auch gelingen, anhand der kritischen Lage das Zusammenleben als eine Aufgabe verstehen zu lernen, und zwar dergestalt, dass beide versuchen, Konzessionen an die Lebensbedürfnisse des anderen zu machen. Ja, im Status der Bewusstheit kann der verhaltene Mensch zum Beispiel erkennen: „Es ist irreal, mit der Angst des Kleinkindes vor dem Abgeben zu agieren. Ich habe das auf Grund meiner (meist großen) Lebensleistung gar nicht nötig. Ich kann versuchen, ein wenig großzügiger mit meinem Geld umzugehen, ich kann es schaffen, mir und meinen Angehörigen auch ein Stück Lebensgenuss zu gönnen."

Wenn dieses willentlich im Bewusstsein ist, lässt es sich mit dem meist sehr aufgeschlossenen Partner mit einer Darstellungsnatur besprechen; man kann von ihm lernen; liebevolles Ermahnen kann zum allmählichen Umlernen führen. Ebenso kann der verhaltene Ordnungstyp seinem Gefährten Hilfen geben, dessen Bestätigungssucht durch Augenblickserfolge einzudämmen. Er kann ihm zeigen, wie er zum Beispiel mit seinem Geld haushalten könnte, er kann ihm allmählich die Freude an einem Stück Beständigkeit durch ein selbst verwaltetes Sparkassenbuch, durch glücklich-zweisame Ferien im eigenen Garten vermitteln.

Wege zur echten Ergänzung solcher gegensätzlichen Menschen sind in der Praxis aber außerordentlich schwer zu verwirklichen, vor allem, weil es besonders dem verhalten strukturierten Menschen sehr schwer fällt, überhaupt einzusehen, dass auch seine Entwicklung und Veränderung notwendig sind. Das liegt vor allem daran, dass der Drang, zu bewahren, den Bestand zu erhalten, so sehr stark im Verhaltensstil dominiert. Wenn der Ordnungstyp ein Mann ist, seine Frau hingegen ein Darstellungstyp, so sehen die Eheverläufe heute oft dergestalt aus, dass nach heftigen Jähzornausbrüchen des Ehemannes und versteckten Treulosigkeiten der Frau die Ehe geschieden wird, weil sie ihrem Mann davonläuft.

Oft gelingt es dem Mann in dieser Situation, zu erreichen, dass ihm die Kinder aus der gemeinsamen Ehe überlassen werden, und er arrangiert Feldzüge der Rache gegen seine Exfrau; denn grundsätzlich weiß er gesetzliche Bestimmungen geschickt so zu nutzen, dass der andere in die schwächere Position gerät. Kommt es zu solchen Katastrophen nicht, pflegt das meistens um den Preis der größeren Anpassung der Frau zu geschehen. Diese Anpassung ist aber auf die Dauer für sie allein Gewinn bringend, da sie ihr mehr Ergänzung erbringt als dem starr verharrenden Ehemann, der auf diese Weise zunehmend unleidlicher zu werden pflegt. Aber es gibt auch positive Ausnahmen von dieser heute traurigerweise häufig gewordenen Regel: dass Ordnungsmann und Darstellungsfrau nach schwerer Krise die gegenseitige Ergänzungsmöglichkeit dennoch verwirklichen. Dazu ein Beispiel:

Ein gestandener Wirtschaftsjurist hatte sich – im achtunddreißigsten Lebensjahr auf dem Höhepunkt seiner Karriere angelangt – auf die Suche nach einer Frau begeben. Bis dahin hatte er sich in strikter Abstinenz jegliche Annäherung an das weibliche Geschlecht versagt. Auf einer elitären Veranstaltung erlebte er, wie eine junge Studentin der Theaterwissenschaft mit brillantem Witz und schlagfertigem Esprit die gesamte Gesellschaft der meist älteren Vertreter der Highsociety in ihren Bann schlug. Er forderte sie zum Tanz auf, und beide fielen gewissermaßen stehenden Fußes „in love". Nach wenigen Wochen wurde eine fulminante Hochzeit gefeiert, die in der prächtigen Ausgestaltung durch die junge Frau für den frisch gebackenen Ehemann eigentlich bereits allzu üppig ausfiel. Dennoch war das Glück des Mannes über seine Verbindung mit einer so repräsentativen schönen Frau, die seine fehlende Selbstdarstellung im für ihn gesellschaftlich notwendigen Leben geradezu prachtvoll verstärkte, so groß, dass er sich – wenn auch innerlich zögernd – ihren Wünschen zunächst unterwarf.

Seine Frau begann (mit dem ihr frei verfügbaren Konto im Hintergrund) zunächst ein aufwändiges Leben zu führen. Unentwegt wimmelten Schneiderinnen, Kosmetikerinnen, Raumgestalter, Friseusen usw. im Haus herum, immer fülliger rollte der Rubel. Reisen zu spektakulären Theateraufführungen in die USA und anderen internationalen Kulturszenen gehörten (zu Studienzwecken) zum Alltag, und als sich der Ehemann jenseits der Flitterwochen dann doch wieder vermehrt seiner eigenen Berufstätigkeit zuwandte, fuhr die nur scheinbar einem Studienabschluss zustrebende junge Frau immer öfter allein.

Als die Löcher in der Kasse zu groß geworden waren, bekam

der Aufsteiger seinen ersten großen Wutanfall. Sie gab contra und machte ihm Vorwürfe. Er rastete aus, stürzte sich auf sie, schüttelte sie, brüllte sie an. Einige Tage zog sie sich gänzlich von ihm zurück und erwog die Scheidung. Aber sie war im fünften Monat schwanger, und darüber hinaus gefiel ihr, die sie aus kargen Verhältnissen stammte, der wohlhabende Lebensstil als Möglichkeit, ihrem Erlebnishunger nachzukommen. Für ihn war sein Ausbruch eine Verhaltensweise, die ihm – dem untadelig Korrekten – als intolerabel erschien und die er als fremd erlebte, sodass er sie rasch vor sich selbst verleugnete und verdrängte. Er tat, als sei nichts geschehen, ging zur Tagesordnung über und schüttelte lediglich den Kopf, als seine Frau ihn bat, sich doch wenigstens zu entschuldigen. „Wovon sprichst du überhaupt?“, fragte er sie kopfschüttelnd und sah zu, dass er ins Büro kam.

Einige Jahre schien danach alles gut zu gehen; zwei Kinder wurden rasch hintereinander geboren und gaben der Familienmutter ein Stück Aufschwung und eine Tendenz zu konservativer Verfestigung im Sinne ihres Mannes vom Ordnungstyp. Dann plötzlich erreichte den Mann der Brief einer ihm unbekannten Frau, die berichtete, dass sie und seine Frau einen eifersüchtigen Streit um ihrer beider Lover, einen seiner besten Freunde, führten. Der gehörnte Ehemann fiel aus allen Wolken, stellte seine Frau zur Rede, und sie gestand ihm, dass sie sich nach seiner Gewalttat verschiedene Männer ins Bett geholt habe. „Sonst hätte ich ohne Scheidung deine ungesühnte Tat nicht seelisch gesund überstehen können“, rechtfertigte sie sich. Die Ehe geriet in eine schwere Krise. War das zweite Kind, sein einziger Sohn, überhaupt von ihm? Sogar das bedurfte – allerdings mit glücklichem Ausgang – der Abklärung. Aber bevor dieses Ergebnis auf dem Tisch lag, erlitt der bis ins Mark gekränkte Ordnungstyp einen Kreislaufzusammenbruch, bei dem er nur mit knapper Not davonkam.

Zum ersten Mal in ihrem Leben begannen die mittlerweile Fünfunddreißigjährige und der Dreiundfünfzigjährige miteinander eine Besinnungsphase. Beide katholisch, begannen sie die Hilfe der Kirche in Anspruch zu nehmen und einen Willen zur Umkehr zu entwickeln. Sie machten sich daran, die eheliche Vergangenheit als unzureichend zu sehen: Zu sehr hatte sich die Gegensätzlichkeit ihres Charakters ungünstig ausgewirkt. Ausnutzung dominierte vor der Möglichkeit, voneinander zu lernen und sich so zu ergänzen. Der Mann versuchte in Zukunft nicht mehr, seine Wut unentschuldigt an seiner Frau auszulassen; sie gab sich Mühe, seiner verantwortungsbewussten Verwaltung der Finanzen gerecht zu werden und selbst Einteilung und Angemessenheit von ihm zu lernen. Beide machten in Achtung voreinander Abstriche, beide gestanden sich gegenseitig offen ein, wenn sie Fehler machten, und ließen sich etwas einfallen, um sie wieder gutzumachen. Der Mann nahm das Angebot eines noch höheren Postens nicht an, um mehr Zeit für seine Familie zu haben, die Frau nahm eine journalistische Arbeit als freie Mitarbeiterin an, die hauptsächlich zu Hause durchgeführt werden konnte. Beide stellten sich verantwortungsbewusst der Erziehungsaufgabe ihrer Kinder. Die gegenseitige Ergänzungsmöglichkeit ließ den Mann offener, die Frau beständiger werden und so die Chancen, die der extrem verschiedenen Charakterstruktur innewohnten, voll nutzen.

Ist der bindungsscheu-darstellerisch Strukturierte ein Mann, seine Frau hingegen verhalten und herrschsüchtig, so ereignet sich in den allermeisten Fällen, dass die Frau – sauber, adrett, verlässlich, sparsam und ein wenig karg zu Hause sitzend – die Stabilität und Dauer der Institution Ehe bewahrt, während ihr Herr Gemahl mit fliegenden Rockschößen auf der Jagd nach Ruhm und Frauenglanz oft nur heimkehrt, um seinen Koffer mit den frisch gebügelten Hemden und gepflegten Hosen abzuholen. Sie wird zur Leidenden durch die Notizen und Briefchen, die sie, gründlich wie sie ist, in den inneren Rocktaschen ihres Mannes findet, die auf heimliche Rendezvous mit anderen Frauen schließen lassen. Er wird zum Leidenden durch ihre Unbeweglichkeit, ja ihren heimlichen Machtanspruch an ihn, der sich durch seine Schuldgefühle gegen sie noch verstärken kann.

Ehen dieser Art dauern heute selten lebenslänglich. Mit großzügiger Abfindung bleibt die Frau häufig in ihrem gepflegten Besitztum zurück, selbstverständlich mit einer Scheidung, die ihr die größeren Vorteile verschafft. Und ihr Exgatte bleibt weiterhin ihr unzuverlässiger, ihr freundlich-unverbindlicher Kamerad, der immer gern einmal wieder zu ihr hereinschaut, um für ein paar Stunden ihre akkurate Wirtschaft harmlos-fröhlich zu genießen.

Dies ist nun zwar eine heute übliche Verlaufsform bei einer solchen Charakterstruktur, aber das brauchte, wie gesagt, keineswegs so zu sein, wenn beide von Anfang an ihre möglichen und typischen Schwierigkeiten im Bewusstsein hätten. Dann könnten beide in der oben beschriebenen Weise ganz gezielt darum bemüht sein, zu ihrer eigenen Vervollkommnung ein Stück von den Verhaltensformen des anderen zu übernehmen, ohne ihre Eigenart aufzugeben.

c) Verbindung Einsiedlertyp mit Hingabetyp

Eine starke Gegensatzspannung herrscht auch bei den Paarverbindungen Einsiedler-/Hingabetyp und Einsiedler-/Darstellungstyp, denn in beiden Verbindungen besteht der Gegensatz von Verschlossenheit zu Offenheit.

Die Konstellation Einsiedlermann/Hingabefrau kommt nicht allzu selten dadurch zu Stande, dass sie von großem Mitleid für den „weltfremden Eigenbrötler“ in seinem ungepflegt-kalten Mietzimmer ergriffen wird und sich mit mütterlicher Wärme und überschlagendem Eifer daranmacht, diesen armen Prinzen zu erlösen. Riemann schreibt dazu: *„Den Schizoiden (= Einsiedlertyp) zieht am Depressiven (= Hingabetyp) das an, was er als ungelebte Möglichkeit in sich trägt, aber nicht entwickelt hat, die Hingabeseite, die der andere überbetont lebt. Und andererseits fasziniert den Depressiven (= Hingabetyp) der Schizoide (= Einsiedlertyp) so, weil dieser etwas lebt, was er nicht* *zu leben wagt oder nicht entwickeln konnte: unabhängiges Ich zu sein ohne Verlust- und Isolierungsangst.*" (Riemann, Grundformen der Angst, S. 123)

Diese Verbindung enthält also ganz ausgezeichnete Ergänzungsmöglichkeiten für beide „Hälften". Aber auch sie gelingen in praxi kaum ohne eine bewusste Bereitschaft dazu auf beiden Seiten; denn sonst beginnt der Einsiedler sehr bald unter der vereinnahmenden, weich-vergewaltigenden Verhaltensweise des anderen zu leiden. Da sie unbewusst versteckt die Forderung nach Totaleinverleibung enthält, wird die Angst des Einsiedlertyps enorm verstärkt, führt zu erneutem Rückzug und zur Panzerung, zum angstgetönten Verschließen und zur Einigelung um jeden Preis. Der verströmende, sich des anderen bemächtigende Hingabetyp wird hingegen in seine Ur-Enttäuschung fallen, denn die Quelle seiner „Nahrung" wird ihm entzogen, sodass es im Circulus vitiosus zu jammervollen Leiden kommen kann.

d) Verbindung Darstellungstyp mit Einsiedlertyp

Aber während es bei der Kombination Einsiedler-/Hingabetyp manche fruchtbaren Entwicklungsmöglichkeiten gibt, ist vor der Verbindung des Einsiedlertyps mit dem Darstellungscharakter ausdrücklich zu warnen. Meist neigt der Einsiedlertyp betont zur Introversion, der Darstellungstyp ist zentral extravertiert, sodass sich die Kreise unentwegt stören. Der große Stil der Feste, der schillernde Aufwand und die laute, geschwätzige Heiterkeit verstören den Einsiedlerpartner. Er wird den Expansionsdrang des sich darstellenden Partners zu bremsen suchen, während dieser sich von dem Drang nach Stille und Nachdenklichkeit des Einsiedlers gekränkt fühlt.

Es ist für den Einsiedlertyp meist eine nicht nachvollziehbare Forderung, seine Scheu vor der Welt mit Hilfe eines brillierenden Gefährten aufzugeben, und es ist dem Darstellungsmenschen sehr schwer möglich, über lange Zeit Anpassung an so viele Autarkiewünsche im Lebensstil, wie der Einsiedlertyp sie stellt, mit zu vollziehen. Der Darstellungstyp wird dann ausbrechen und seinen Einsiedler in noch hilfloserer Einsamkeit zurücklassen, als er ihn vorfand.

Ein Beispiel mag das verdeutlichen: Ein Bühnenbildner, in zweiter Ehe geschieden, ein Don Juan auf der ganzen Linie, entdeckt bei seiner Arbeit mit Entzücken eine junge Raumpflegerin, die, statt die verlassenen Räume zu putzen, wie Ophelia traumverloren singend die Perücken der Schauspielerinnen ausprobiert. Er beobachtet das eine Weile, steigt dem Mädchen nach, sieht, dass sie in einem elenden Quartier allein ein karges Zimmer bewohnt, und startet eine stürmische Eroberungskampagne.

Das Mädchen, schweigsam, großäugig, langhaarig, verwunschen, wehrt sich erstaunlich hartnäckig, was den Eroberer zu vermehrter Anstrengung nötigt. Gegen seinen Schwur, noch einmal zu heiraten, ehelicht er das Mädchen. Nach einigen glücklichen Wochen stellen sich sehr schnell Schwierigkeiten ein. Die junge Frau weigert sich, mit ihrem Mann auf die vielen Partys zu gehen, geschweige denn selbst Leute einzuladen. Meistens zieht sie sich dann zurück, ohne die Gäste zu versorgen. Sie wird zunehmend wortkarger, was ihren Mann furchtbar ärgert, sodass er sie oft anschreit und schließlich verzweifelt davoneilt. Als er sich einen neuen Sportwagen kauft, weigert sie sich, das Auto überhaupt zu besteigen, was dazu führt, dass ihr Mann für alle Zeiten von ihr fortbleibt, während sie in ihr karges Zimmer zurückkriecht und ihre Zeit damit verbringt, über ihr Unglück dumpf vor sich hinzubrüten. Die Bemühungen ihrer Wirtin erst bringen sie in eine Behandlung und zum Gewinnen neuen Lebensmutes.

e) Verbindung Hingabetyp mit Darstellungstyp

Charakterergänzungen sind leichter bei jenen Kombinationen möglich, bei denen der Gegensatz nicht so schroff im Vordergrund der Struktur steht. In der Verbindung Hingabe-/Darstellungstyp hat das Paar die bewegliche Offenheit gemeinsam. Beide haben keine betonte Neigung zum Besitz, beide sind meist gesellig. Das erleichtert ihnen die Gemeinschaft des Zusammenlebens. Schwierigkeiten entstehen dadurch, dass der Hingabetyp unbewusst die Dauerspendung sucht, während der Darstellungstyp (oft in der Erinnerung an eine dominante Mutter) Angst vor verschlingender Dauernähe hat.

Ist der Hingabetyp ein Mann, wird er in übersteigerter Aufopferung versucht sein, seiner Frau jeden Wunsch von den Lippen abzulesen. Das kann aber dazu führen, dass diese aus Angst vor dem Verschlungenwerden psychosomatische Leiden entwickelt. Und gerade der Hingabepartner kann diese durch die übersteigerte Beachtung der Wehwehchen in die Chronifizierung nötigen. Der Pagenmann, der für die herzneurotische Diva die Beruhigungsspritze jederzeit sprungbereit hält, ist eine tragische Karikatur einer solchen Verstrickung.

Die Ergänzung ist auch hier nur mit Hilfe der Einsicht möglich. Zwar werden solche Partner durch beider Desinteresse an Wirtschaftsführung und planvoller Einteilung manchmal auch durch äußere Lebensschwierigkeiten zu einer Kurskorrektur genötigt – aber da sie ihr charakterliches Defizit nicht kompensatorisch am anderen decken können, können sie wenig direkt vom anderen übernehmen. Sie sind genötigt, durch das Mühen um Verstehen des anderen und auch ihrer selbst die Probleme ihrer Entwicklung und ihrer Gemeinschaft zu lösen.

Ein Beispiel: Ein Architektenehepaar lebt am Beginn seiner Verbindung mit großem Schwung, ja Pomp. Heitere Feste reihen sich aneinander. Mit großer Intensität und warmem Eifer bewirtet die Hingabe-Ehefrau ihre Gäste in ihrem Salon, während ihr Mann, der ein Darstellungstyp ist, zum charmantesten und brillanten Mittelpunkt und Unterhalter dieser Unternehmungen wird. Alles tut diese Frau für ihren bewunderten Mann, und er lässt sich dafür eine relativ lange Zeit anstellen und umherschicken.

Aber in zunehmendem Maße stellt sich eine Entfremdung ein, weil der Ehefrau die zärtliche Liebe ihres Mannes nicht auszureichen scheint. „In Bezug auf die Liebe fehlt ihm jede Innigkeit, ja seelische Bereitschaft", klagt sie. Ihre Klagen, ihr unbewusster Anspruch auf Bemächtigung bringen ihn immer mehr in Distanz, ins Ausweichen, in ein berufliches Überengagement, zu getrennten Schlafzimmern. Der finanzielle Ruin, die Depressionen der Frau, das plötzliche Aufflammen perverser Neigungen bei dem Mann bringen beide in Not. Die unterschwellige, generelle Angst dieses Mannes vor einer neuen übermächtigen „Mutter-Frau", wie es bereits in der Kindheit die Mutter gewesen war und so bewirkt hatte, dass er zu einem Darstellungstyp geworden war, hatte sich durch das Verhalten seiner Ehefrau so verstärkt, dass typische Lebensschwierigkeiten auftraten. Eine Behandlung verhalf ihnen zum Bewusstwerden und zu neuem Anfang.

f) Verbindung Ordnungstyp mit Einsiedlertyp

Diese Situation ist in der Verbindung Ordnungs-/Einsiedlertyp, wenn auch auf einem anderen Feld, scheinbar ähnlich. Zunächst gibt es wenig Anlass zum Anstoßnehmen. Der Verhaltene teilt gern die Isolierungswünsche seines Gefährten. Dessen Autarkie wird durch den Geiz des Verhaltenen eher gestützt und macht das Zusammenleben erträglich. Beide sind häufig sehr betonte Verstandesmenschen, da sie das Gefühl fürchten und es so oft wie möglich in die Latenz schicken. Dennoch neigen Gemeinschaften dieser Art zum Einfrieren und brauchen ganz bewusste Anstrengungen, um solcher Fehlentwicklung zu entgehen.

Schwierigkeiten entstehen bei dieser Verbindung, wenn der Ordnungstyp versucht, den so sehr auf Unabhängigkeit bedachten Einsiedlertyp zu unterwerfen. Da dieser wenig Abwehrmöglichkeiten hat, kann er psychisch daran erkranken. Das ist freilich sehr viel häufiger der Fall, wenn der Ordnungstyp ein Mann, der Einsiedlertyp eine Frau ist. Der Einsiedlermann hingegen neigt in einem solchen Fall dazu, seiner herrschsüchtigen Frau vom Ordnungstyp kalt die Tür zu weisen.

Die Ergänzungs- und Lernmöglichkeiten sind in einer solchen Gemeinschaft nicht sehr groß. Der Einsiedlertyp ist meist eingeschränkt in seiner Wahrnehmungsfähigkeit in Bezug auf subtile seelische Bezüge, der Ordnungstyp meint oft ohnehin, es nicht mehr nötig zu haben, noch etwas dazuzulernen, denn er glaubt, von Anbeginn „elitär" und vollkommen zu sein. Ohne Hilfe von außen steht das gemeinsame Erstarren am Ende einer solchen oft bis ins hohe Alter währenden Verbindung.

Die eben dargestellten Grundformen wollen nicht mehr sein als ein Gerüst. Die Variationen des Lebens sind unendlich. Überraschend Atypisches im Einzelfall bestätigt gewiss nur die Regel. Das Bewusstsein des Einzelnen über die Art seiner Einseitigkeit und die Notwendigkeit bestimmter Ergänzungsformen kann dem Menschen helfen, seinem Partner mehr gerecht zu werden und nicht ihm, sondern sich selbst der Aufgabe der Vervollkommnung zu stellen.

Im Grunde wäre es durchaus möglich, dass jeder Typ mit jedem beliebigen anderen eine fruchtbare, dauerhafte Verbindung einginge, unter der Voraussetzung, dass beide über ihre im Vordergrund stehenden und die nur schwach ausgebildeten Züge in ihrer Charakterstruktur Bescheid wüssten und einerseits bereit wären, Schwächen miteinander anzunehmen und zu tragen, andererseits nicht müde würden, sich gegenseitig dabei zu helfen, sie zu verringern; denn nur *quantitativ* sind die Eigenschaften bei uns verschieden verteilt. Wir alle haben, mehr oder weniger Sinn dafür, Ordnung zu wahren (wie beim Ordnungstyp vordringlich); wir alle haben das Bedürfnis, unabhängig zu sein (wie vordringlich der Einsiedlertyp); wir alle haben Freude daran, uns zu verströmen, den anderen zu beschenken (wie dominant der Hingabetyp); wir alle möchten uns herausstellen (wie betont der Darstellungstyp).

Die vier Funktionen: Ordnung wahren, unabhängig sein, sich verströmen und sich herausstellen sind in jedem Einzelnen, wenn auch in unterschiedlicher Stärke vorhanden und werden deshalb mehr oder weniger sichtbar. Im Allgemeinen treten sie in einem unterschiedlich starken Gefälle auf. So kann zum Beispiel (wie in den Schaubildern dargestellt) Ordnungs- und Einsiedlertypisches sehr stark miteinander legiert sein, während in einer solchen Person Hingabe- und Darstellungstypisches nur sehr schwach ausgebildet zu sein pflegt – und umgekehrt.

Je einseitiger einzelne Eigenschaften auf Kosten des inneren Gleichgewichts in uns ausgeprägt sind, umso leichter werden wir vom einseitig ausgebildeten Gegensatztyp fasziniert. Es ist deshalb so förderlich, im Erwachsenenalter die nur schwach ausgebildeten Eigenschaften in sich selbst nachzuentwickeln. Die annähernde Ausgewogenheit aller vier Funktionen bewirkt die von uns allen so ersehnte Ausgeglichenheit (siehe Schaubild S. 33). Im Allgemeinen herrschen zwischen Ordnungstyp und Darstellungstyp, zwischen Einsiedlertyp und Hingabetyp die stärksten Gegensatzspannungen.

Sehr häufig ist also bei der intensiven Ausprägung einer einzigen Funktion die Gegenfunktion so schwach ausgebildet, dass sie als Defizit empfunden wird und starke Ergänzungsbedürfnisse weckt. Die einander „näher stehenden“ Eigenschaften treten häufiger, gewissermaßen miteinander gekoppelt, als die stärkere oder schwächere Kombination auf, zum Beispiel erste Haupteigenschaft: Hingabetyp; zweite Haupteigenschaft: Darstellungstyp; schwach ausgebildet: Ordnungstyp und Einsiedlertyp; aber grundsätzlich sind alle Kombinationen möglich und können ausgesprochene Widersprüchlichkeiten im einzelnen Menschen hervorrufen. Ein Mensch vom Ordnungstyp kann plötzlich die Möglichkeit zur Selbstdarstellung zeigen, ein Mensch vom Hingabetyp entwickelt – vom Schicksal genötigt – eine nicht für möglich gehaltene Autarkie. Es ist im Hinblick auf die Partnerfindung sinnvoll, an sich selbst die Frage zu richten, welche Funktionen sehr stark, vielleicht zu stark, welche Funktionen sehr schwach, vielleicht zu schwach ausgebildet sind.

Am häufigsten kommen in unserem Kulturkreis folgende Kombinationen vor (die Zeilen der Funktionsblöcke sind nebeneinander zu lesen):

Hauptfunktionen	Nebenfunktionen	Schwach ausgebildete Funktionen	Kaum ausgebildete Funktionen
Ordnung wahren	Unabhängig sein	Verströmen	Sich herausstellen
Verströmen	Sich herausstellen	Ordnung wahren	Unabhängig sein
Sich herausstellen	Verströmen	Unabhängig sein	Ordnung wahren
Unabhängig sein	Ordnung wahren	Sich herausstellen	Verströmen

6. Kombinationen ähnlicher Charakterstrukturen

Führen dann nicht, so wird mancher Leser beim Nachdenken über die eben geschilderten Komplikationen meinen, alle diese Überlegungen zu dem Schluss, dass bei der Suche nach einer Gefährtenschaft – welcher Art auch immer – mehr die Gleichheit gesucht werden sollte, um Zerreißproben zu vermeiden? Gewiss ist das bei vielen Bereichen richtig und wünschenswert. Die Voraussetzung zu einer harmonischen, dauerhaften Gemeinschaft ist leichter gegeben, wenn die Herkunft der beiden nicht zu unterschiedlich ist, und zwar hat sich das erwiesen sowohl in Bezug auf einander sehr ferne Kulturkreise als auch in Bezug auf Lebenszuschnitt und Bildungsniveau.

Auch ein nicht allzu großer Altersunterschied und der gleiche Beruf verringern Komplikationen eindeutig, die, wie wir aufgezeigt haben, ohnehin bei ganz „normalen" Menschen schon ausgeprägt genug sind. Es ist auch sicher höchst sinnvoll, die Lebensgewohnheiten des anderen zu erforschen. Dass zum Beispiel Mann und Frau sich lange genug kennen, ehe sie heiraten, ist daher heute wichtiger denn je. Grundsätzlich sollte man sich vorher in bewusster Ehrlichkeit gegenseitig die eigenen Schattenseiten mitteilen, um sich die Möglichkeit des Überlegens zu geben, ob man es schaffen kann, sich miteinander zu arrangieren.

Für manchen Einsiedlertyp ist allein die lebhafte Schwatzlust seiner Partnerin vom Darstellungstyp unerträglich, und schon manche Frau vom Hingabetyp ist durch die monatelange Schweigsamkeit ihres Mannes vom verhaltenen Ordnungstyp in den Selbstmord getrieben worden. Es ist nicht sinnlos, die Übereinstimmungsmöglichkeiten zu ertasten. Eine Gemeinschaft hat gewiss umso mehr Chancen auf Glück und Dauer, je mehr Übereinstimmung in der Lebensweise, in der Weltanschauung, in den seelischen und geistigen Bereichen besteht.

Dennoch hat die Gleichheit der Charakterstruktur in der Partnerschaft verständlicherweise auch ihre Tücken. Auch sie kann nur zu einer fruchtbaren Lebensform führen, wenn beide Partner sich bewusst sind, dass sie der Ergänzung bedürfen, dass sie sie in gemeinsamer Kleinarbeit anstreben sollten, aber dass gerade bei der Gleichheit der Struktur diese Sehnsucht nicht durch den Gefährten erfüllt werden kann. Auch jede Gemeinschaft von Menschen mit einer gleichen Charakterstruktur hat ihre Chancen und ihre Gefahren.

a) Gemeinschaften von Hingabetypen

Zwei Hingabetypen werden ihre Einigkeit in der offenen Hilfsbereitschaft genießen können. Sie werden ein „offenes Haus" führen und im gemeinsamen Verströmen an die Aufgaben der Welt – vornehmlich im mitmenschlichen Bereich – ein großes Maß an Befriedigung finden können. Aber zwei Hingabetypen übernehmen sich leicht. Das Unternehmen wird mit großem Schwung begonnen, jedoch nur lahm fortgeführt. Besitz wird erworben und kann nicht gehalten werden. Daraus erwächst häufig, wenn beide die gleiche Struktur haben, eine gemeinsame Müdigkeit oder auch eine verbitterte Enttäuschung. Riesenerwartungen beider können also leicht zu Misserfolgen und Resignation führen.

Ein Beispiel: Ein Sozialarbeiter und seine Lebensgefährtin, ebenfalls Sozialarbeiterin, die seit einigen Jahren – beide am Jugendamt tätig – in glücklicher Gemeinschaft lebten, beschließen nach der Wiedervereinigung mit der ehemaligen DDR in einem ehemaligen Gutshaus ein Help-Center für seelisch angeschlagene Menschen zu errichten. Sie hoffen auf eine Subvention durch das Diakonische Werk, und ihre Anfragen stoßen auch auf offene Ohren – wenn auch keineswegs auf feste Zusagen. Sie erwerben das Haus auf eigene Kosten und verschulden sich dabei hoch. Die Wiederherstellung des Hauses verschlingt aber sehr viel mehr Geld, als sie vermutet hatten, und trotz intensiver (kostspieliger!) Werbung stellt sich der erwartete Zustrom in die bereits renovierten Räume nicht ein.

Das Paar gerät in große Verzweiflung. Gemeinsame Selbsttötung wird in Erwägung gezogen. Glücklicherweise rettet dann – gewissermaßen im letzten Augenblick – der erhoffte Zuschuss die Situation und gibt dem Paar Mut zu neuer Anstrengung.

An ihre Grenzen stoßen Gemeinschaften vom Hingabetyp, wenn in solchen Situationen die Passivität bei beiden zu dominieren droht. Zweifache Initiativlosigkeit bedeutet potenzierte Stagnation. Gemeinsames Betäubungsbedürfnis führt dann nicht selten in eine Sucht. Manche depressive Paare gehen miteinander im Alkoholismus zu Grunde.

Die Schwierigkeiten in der Beziehung haben ihre Ursache in den unbewussten Wünschen, den anderen total zu haben, ihn gewissermaßen zu schlucken, beziehungsweise sich ganz in dem anderen aufzulösen. Haben Hingabetypen keine oder nicht genügend Möglichkeiten, sich auf Grund ihrer Helferhaltung gemeinsam nach außen zu wenden (wie beim eben beschriebenen Paar), so muss die Beziehung unter einem gewissen Verschlingungsbedürfnis in Schwierigkeiten geraten: „Dies habe ich schon alles für dich getan – gib dich mir endlich dafür in aller Totalität!“ An den Riesenansprüchen dieses gegenseitigen „Mehr – mehr muss ich haben, es ist immer noch nicht genug!“, können Gemeinschaften dieser Art scheitern. Sie müssen um diese Gefahr wissen und sie in liebevoller Grenzsetzung miteinander abzubauen versuchen.

Hoffnungslos zerrütten an der Gleichheit ihrer Struktur viele Schauspielerverbindungen, denn sie erleben auf Grund ihres Darstellungscharakters das Im-Mittelpunkt-stehen-Wollen des anderen als Konkurrenz, sie werden elend an den beiderseitigen Seitensprüngen, weil ihr Agieren in der Außenwelt so intensiv durch die Sehnsucht nach totaler Anerkennung bestimmt ist. Das und die finanzielle Sorglosigkeit sind die Ursache, warum gerade die Schauspielerehen so besonders instabil sind.

Dietrich Robra schreibt treffend zur Problematik der Paare vom Darstellungstyp:

„*Wie kann eine partnerschaftliche Begegnung zwischen zwei Menschen aussehen, die unter dem Motto leben: ‚Der andere soll mich unwiderstehlich finden und mir dankbar dafür sein, dass er mich lieben und bewundern darf.‘ – Da beide gelernt haben, in die Rolle zu schlüpfen, die man von ihnen erwartet, wird jeder in dem Anfangsstadium der Beziehung seinen Part spielen, ohne dass es gleich zu Differenzen zu kommen braucht. Mit der gleichen Art des Umgangs und der faszinierenden Ausstrahlung ziehen sie sich gegenseitig an. – Aber was wird aus dieser ersten freudigen Begegnung der Gleichen, wenn dem anderen spürbar wird, welche latenten Erwartungen jeder an den anderen hat? Nur wenn beide genügend Format haben, werden sie sich arrangieren und in der gegenseitigen Faszination leben können. – Dem Schwächeren bleibt nur Enttäuschung und nörgelnde Eifersucht, wenn der Partner sich ein neues Publikum an anderen Orten sucht.*“ (Dietrich Robra: Die Partnerwahl, Praxis der Kinderpsychotherapie 4/72, S. 141)

„Format haben“ heißt aber in diesem Zusammenhang: miteinander die Geltungssucht als Quelle der Schwierigkeiten aufzudecken und sie in gemeinsamer Arbeit abzubauen und durch ein maßvolles Leistungsbedürfnis zu ersetzen versuchen.

c) Gemeinschaften von Einsiedlertypen

Wie können Einsiedler miteinander leben, ohne sich gegenseitig zu stören? Vielleicht ähnlich wie Bert Brecht und Helene Weigel, die in zwei nachbarlich getrennt stehenden Häusern wohnten und sich mit einer Handschelle riefen, wenn sie – gelegentlich – einander herbeiwünschten?

Jedenfalls wird das Zusammenleben zwischen zwei Einsiedlernaturen, wenn sie einigermaßen glücklich sein soll, eine Gemeinschaft auf Distanz sein müssen, in der doch immer wieder in kleinen, behutsamen Schritten der Weg in die gemeinsame Kommunikation gesucht werden müsste.

d) Gemeinschaften von Ordnungstypen

Am wenigsten empfehlenswert ist die Verbindung von zwei Menschen vom Ordnungstyp, da diese Struktur durch den Mangel an Veränderungsbereitschaft charakterisiert ist. Solche Paare gehen zwar zunächst ein scheinbar geringes Risiko ein, weil beide gleich sparsam, gleich ordentlich, gleich gewissenhaft sind. Sie stören gegenseitig nicht den so intensiv gehüteten Bewahrungswillen. Der Machtanspruch beider kann aber leicht in eine allmählich verknöchernde Kampfehe führen, die von täglichen, unfruchtbaren Streitereien und gegenseitigen Vorwürfen bestimmt wird. Nicht auflösbar, weil total festgelegt, gleicht solches Zusammenleben nach Jahren schließlich einem unter erstarrter Lava zugeschütteten Vulkankrater. Ein Beispiel:

Fünfzig Jahre lang war ein reiches Maklerpaar miteinander verheiratet. Um sich nicht zu verausgaben, hatte es freiwillig auf Familiengründung verzichtet. „Man kann nicht alles gleich gut machen", pflegte die fünfundsiebzigjährige Ehefrau zu sagen, „Hausfrau, Ehefrau und Mutter. Ich habe mich deshalb im Einvernehmen mit meinem Mann für die ersten beiden entschieden."

In diesem Haushalt gab es in der Tat kein Staubfädlein, und die Putzerei hatte kein Ende. „Ich langweile mich nicht", erklärte die perfekte Hausherrin stolz, „hier gibt es immer etwas zu tun!" – Aber mit einer Verneinung kann auch die Verleugnung der eigentlichen Wahrheit ausgedrückt werden: Die Monotonie ihres Alltagslebens langweilte diese Frau eigentlich zutiefst, weil es ihre Entwicklung erstarren ließ; denn ihr Ehemann bot wenig Möglichkeiten, den goldenen, selbst fabrizierten Käfig aufzubrechen.

Nachdem er es aufgegeben hatte, jenseits seiner Berufstätigkeit im Haus hinter seiner Frau herzulaufen und ihr nörgelnde Vorschriften zu besserer Einteilung ihrer Alltagsarbeit zu machen, seit sie bei den verbalen gegenseitigen Vorwürfen den längeren Atem und die schlagfertigeren Argumente bewiesen hatte, verbrachte er seine Tage hauptsächlich mit zwei Tätigkeiten: Er beschäftigte sich mit seiner umfänglichen Briefmarkensammlung und mit Beobachtung der Börse. Dabei war er viel zu vorsichtig, um sich auf Spekulationen einzulassen; er versuchte lediglich, seinen Besitz zu bewahren und – immer auf Nummer sicher gehend – zu vermehren. Die Aktiengewinne setzte er unverzüglich in Goldmünzen um, die er in einem hoch gesicherten Safe aufbewahrte.

Jenseits der 22-Uhr-Nachrichten wurde der Safe allwöchentlich einmal gelüftet und der Schatz – nach einem nachdrücklichen Verschließen aller Jalousien und Samtvorhänge – auf dem Tisch zu Haufen geordnet und nachgezählt, während seine Frau mit der langwierigen Prozedur der Schlafzimmervorbereitung beschäftigt war. Leere dieser Art kann allenfalls oberflächlich als Eheglück verstanden werden …

Zwei Menschen vom Ordnungstyp sollten nur heiraten, wenn der Charakter nicht sehr verfestigt ist. Den nicht allzu einseitig Strukturierten erkennt man daran, ob er in der Lage ist, seine eigenen Fehler zu erkennen und sie dem anderen freimütig zu bekennen. Denn nur auf der Basis, gemeinsam die geheimen Herrschgelüste zu überwinden und immer wieder neu anzugehen, kann so eine Gemeinschaft gute Früchte tragen.

7. Beachtenswertes als Voraussetzung für harmonische Zweier-Gemeinschaften

a) Gleichgeschlechtliche Freundschaften

Viel mehr Menschen als früher leben heute als zwei Freundinnen oder als zwei Freunde in einem gemeinsamen Haushalt. Hier sind zunächst einmal die unerotischen von den homosexuellen Zweiergemeinschaften zu unterscheiden. Die nichterotischen Verbindungen haben entweder einen zweckgerichteten Hintergrund – sie sind gleichzeitig Berufsgemeinschaften – oder sie beruhen auf „Wahlverwandtschaft", haben diese jedenfalls zum Ziel und streben sie an.

Freundschaften dieser Art zwischen zwei Frauen oder zwei Männern versuchen gewissermaßen zwei Fliegen mit einer Klappe zu schlagen: Sie wollen Vereinsamung im Single-Leben vermeiden – ganz gleich aus welchem Grund sich diese Lebensform eingebahnt hat. Und sie haben ein Bedürfnis nach seelischer oder nach intensiver geistiger Gemeinsamkeit, nach Gedankenaustausch und freundschaftlicher Kommunikation. Bei Intentionen dieser Art können unter Umständen sogar Kombinationen von großer Unterschiedlichkeit zu einem harmonischen Zusammenleben führen, wenn die Unterschiede in den geistigen Lebenseinstellungen nicht zu stark differieren und an ihrer Stelle eher eine arbeitsteilige Symbiose gesucht wird.

Zwei Freundinnen, bei denen die eine ein Darstellungs- und die andere ein Ordnungstyp ist, können sich zum Beispiel im

Alltag miteinander vorzüglich ergänzen. Die Darstellungsfrau bringt Leben in die Bude, die Ordnungsfrau sorgt dafür, dass nicht alles im Chaos untergeht. Die eine ist für den Einkauf und die Pflege der Kleidung zuständig, die zweite für die Finanzen. Eine Hingabefrau kann den Koch und Futtermeister spielen, während die Einsiedlertype für die geistige Vertiefung beider sorgt. Das soll natürlich nicht heißen, dass die Ressorts streng geteilt sein müssen, im Gegenteil: Das Nachholen der nur schwach ausgebildeten Seelenteile ist gewiss eher möglich, wenn beide bereit sind, voneinander zu lernen und sich auch gegenseitig einmal zu vertreten.

Die Einsiedlerfrau kann bei der Darstellungsfrau lernen, wie man sich in unverkrampfter Spontaneität auf dem Parkett bewegt, während diese bei ihrer Freundin Zurückhaltung und Nachdenklichkeit abgucken könnte. Hier können also sogar erhebliche Gegensätze im Charakter zu einem fruchtbaren Miteinander führen, wenn man ein solches Lernen von vornherein als Aufgabe versteht und die Spannungen, die sich dann leicht einmal ergeben können, mit Bemühung um eine sachliche Aussprache ohne frustriertes Schmollen zum Ausgangspunkt macht. Nötig ist dabei allerdings als Voraussetzung, dass keine zu ausschließliche Dominanz in einer Charakterstruktur vorhanden ist; denn sie bedeutet häufig gleichzeitig, dass eine alte psychische Beschädigung noch vorrangig ist, die besser erst einer bewusst machenden psychotherapeutischen Behandlung bedürfte.

Bestehen dezidierte Weltanschauungen, so ist allerdings zu raten, eher nach Übereinstimmung, am besten dann auch nach einem Menschen mit einer ähnlichen Charakterstruktur, der eine ähnliche Lebenseinstellung hat, Ausschau zu halten, wenn man die Hoffnung haben will, zu einem befriedigenden Zusammenleben zu kommen.

Bei männlichen Freundschaften lässt sich das gelegentlich schon am Sympathisieren mit der einen oder der anderen politischen Partei ablesen. Ordnungstypen neigen dazu, konservative Parteien zu wählen, Hingabetypen sind eher in der SPD zu Hause. Interessanterweise gibt es aber sowohl unter den Einsiedlertypen wie den Darstellungstypen auch Sympathisanten mit den Grünen. Das bedeutet: Hinter der gleichen Sympathie für eine Partei können sich ausgesprochen gegensätzliche Charaktertypen verbergen: Der Einsiedler wählt Grün, weil er seine idealistische Mitverantwortung für eine gesunde Natur unterstützt sehen möchte; dem Darstellungstyp geht es stattdessen eher um die Lockerung der Moral, die er zur Rechtfertigung seines Lebensstils im Parteiprogramm der Grünen findet.

Dazu ein Beispiel. Ein „grüner" Einsiedlertyp hatte ein nicht mehr bewohntes Waldhaus gemietet und dort rund um das Haus herum mit viel Liebe und Nachdenklichkeit einen Öko-Gemüsegarten aufgebaut. In der Parteiarbeit bei den Grünen hatte er einen Kumpel kennen gelernt, der an einer Zeitung arbeitete. Dieser hatte ihm anvertraut, dass seine Lebensgefährtin ihn gerade in hohem Bogen auf die Straße gesetzt habe. Der „Ökobauer" bot ihm deshalb eines der vielen leeren Zimmer an, die es in dem alten Haus gab. Aber mit dem Frieden dort war es dann bald vorbei ... Der neue Freund gründete eine „grüne" Kindergruppe und lud sie zum Spielen und Tierebeobachten in den Stadtwald ein. Bald waren Haus und Garten von jeder Menge Kinderlärm erfüllt. Aber nicht nur das laute Getöse durch den Freund vom Darstellungstyp störte den Einsiedler-Hauptmieter, ihn ärgerte vielmehr, wie wenig seine Pflanzungen respektiert wurden. Und dann stellte er unversehens bei seinem Freund eine pädophile Neigung fest. Da flogen die Fetzen, und die Beziehung wäre sicher durch eine Trennung zu Ende gegangen, wenn nicht der so lockere neue Bewohner ernsthafte Besserung gelobt hätte. Beide beschlossen, Konzessionen an den anderen zu machen und sich zu bemühen, von ihren einseitigen Extremen abzulassen: Der Hausherr gab sich Mühe, von seiner Planlosigkeit abzulassen. Er entwarf eine Hausordnung, an die zu halten er sich als Erstes selbst zwang. Und der Darstellungstyp hörte auf seinen Freund, der ihm das

Unverantwortliche seiner pädophilen Tönung im Umgang mit „seinen" Kindern so lange in nächtlichen Diskussionen verdeutlichte, bis dieser sich überzeugen ließ und sich Grenzüberschreitungen dieser Art nicht mehr erlaubte.

Am besten aber sollte schon in ausführlichen Gesprächen in der Phase des Kennenlernens herausgefunden werden, welche Motive zu Parteinahmen dieser Art führen, ehe man zusammenzieht. Zwei Wähler der „grünen" Partei können unter Umständen so enorm verschiedene Typen sein, dass ein Zusammenleben für beide binnen kurzem unerträglich wird!

Je mehr geistige Ansprüche vorrangig sind, umso empfehlenswerter ist es, nach Vertretern einer einigermaßen ähnlichen Charakterstruktur auf die Suche zu gehen, wenn man in einer beglückenden Gemeinschaft leben möchte. Zwei Einsiedler halten es allerdings selten miteinander aus, ohne sich gegenseitig zu frustrieren. Manche Einsiedler sind eben bereits durch Geräusche im Nachbarzimmer störbar. Der eine braucht Musik oder den laufenden Fernseher, damit ihm die Stille keine Angst macht, für den anderen ist Musik im Hintergrund unerträglich. Auch das Verschwimmen der Grenzen in den Besitztümern stört; weniger hingegen die Unordnung in der gemeinsamen Küche.

Eher ist das bei den drei anderen Typen von gleicher Struktur möglich, zu zweien miteinander auszukommen, allerdings nur, wenn sie nicht eine zu einseitige und dann auch immer neurotische Ausprägung haben. Sind die beiden Hingabetypen zu sehr darauf aus, durch Dienst für den anderen dessen Nähe zu erzwingen, kann daraus eine duale Verstrickung werden, die sich im gegenseitigen Übertreffen mit Liebesbeweisen erschöpft. Die beiden vom Ordnungstyp können sich durch kleinliche Territoriums- und Machtkämpfe verschleißen, und die beiden Darstellungstypen können durch die größeren Publikumserfolge des einen vor dem anderen in Zerreißproben geraten.

Existiert hingegen ein Bewusstsein über solche Gefahren,

sind bei aller Dominanz des gleichen Typs auch andere Seelenteile in der Nachentwicklung und Ausformung begriffen, so ist die seelische Ähnlichkeit – besonders bei Männerfreundschaften – eine mehr oder weniger notwendige Voraussetzung, um auch geistig miteinander zu harmonieren.

Schließlich haben sogar die Zu- oder Abneigungen zu Glaubensformen eine Beziehung zur Charakterstruktur und sollten nicht unbeachtet bleiben. Darstellungstypen werden häufig vom Pantheismus – auch in den neuen Formen der Esoterik – angezogen. Ordnungstypen finden sich mehrheitlich in den Freikirchen oder bei den Evangelikalen wieder, Hingabetypen neigen zur Katholizität, während die Einsiedlertypen manchmal eher exzentrischen, besonders fernöstlichen Formen von Religiosität – welcher Art auch immer – zugewandt sind. Auch hier sollte rechtzeitig die Gretchenfrage gestellt werden, damit es nicht zu entfremdenden Auseinandersetzungen kommt.

Diese vielfältigen Wahlmöglichkeiten gibt es bei einem homosexuellen Zusammenleben – wenigstens unter Männern – viel seltener. Homosexuelle Männer sind in großer Mehrzahl Darstellungstypen (was viel mit ihrer Unsicherheit in der Identifikation mit ihrem genetischen Geschlecht zu tun hat). Bestätigung zu erfahren ist bei ihnen deshalb von elementarer Wichtigkeit. Deshalb wird auch hier der Wechsel so häufig geradezu zwingend. Denn die Gemeinschaft im Alltag schwächt auf die Dauer ein gegenseitiges Sichbewundern unweigerlich ab. Deshalb gibt es so viel Promiskuität unter Homosexuellen, und deshalb ist eine homosexuelle „Ehe“ eher so etwas wie ein Konstrukt auf dem Boden des Wunsches nach Anerkennung und Kontinuität als eine häufig gelingende Wirklichkeit.

b) Erwachsene Geschwister

Dass erwachsene Geschwister – zwei Schwestern, zwei Brüder oder Bruder und Schwester – zusammenleben, ist in der modernen Gesellschaft selten geworden. Zwar gibt es sehr gelegentlich noch Geschwisterfamilien unter einem Dach (meistens durch das Erbe eines gemeinsamen Hauses bedingt), aber darüber hinaus ziehen zumindest jüngere Jahrgänge alles andere häufig lieber vor, als das Leben mit einem Geschwister zu teilen. Ebenso wenig wie selbst nicht blutsverwandte Ziehgeschwister auf die Idee kommen, einander später zu heiraten, bewahren sich erwachsene Geschwister selten so viel Sympathie füreinander, dass daraus der Wunsch und der Plan entsteht, gemeinsam zu leben.

Dieses erstaunliche Faktum rührt daher, dass Geschwister während der gemeinsamen Kindheit meistens vielerlei Animositäten gegeneinander erworben haben. Die infantilen Reaktionen auf elterliche Ungerechtigkeiten, Erinnerung an die neidischen, eifersüchtigen Rivalitätskämpfe stehen einem unbefangenen Miteinander oft entgegen. Gefühle der Zusammengehörigkeit und der Zuneigung lassen sich deshalb zwischen erwachsenen Geschwistern viel eher in räumlichem Abstand pflegen. Eher ist das bei eineiigen unverheirateten Zwillingen möglich. Diese leben gelegentlich in großer Eintracht manchmal lebenslänglich zusammen. Allerdings ist mir auch das Gegenteil begegnet, wenn der eine doch mehr Anerkennung von außen bekommt als der andere, was symbiotisches Klammern bei dem Benachteiligten auslöst, falls er vom Hingabetyp ist.

Der absurdeste Fall dieser Art wurde mir in Gestalt zweier eineiiger Zwillingsschwestern geschildert, die fest miteinander verhakelt waren. Sie lebten – zweiundzwanzig Jahre jung – zusammen, beide in der Ausbildung, die eine zur Diätassistentin, die andere in der zur Ökotrophologin. Sie waren beide hochgradig magersüchtig. Anteile vom Hingabetyp hatten sich dem dominanten Darstellungstyp zugesellt. Ihr schwaches Selbstwertgefühl durch Hochleistung im Schlanksein zu kompensieren, hatten sich beide zum Ziel gesetzt; aber dass dieses verbissene Streben in eine lebensbedrohliche Eskalation geriet, lag vor allem daran, dass sie sich bei der allmorgendlichen Gewichtskontrolle mit dem „besseren Status“ zu überbieten suchten.

Hier konnte nur Trennung und Lebensrettung in zwei verschiedenen Spezialkliniken helfen. Aber noch heute ist der Zwilling, der den Weg der Diätassistentin eingeschlagen hat, wesentlich labiler als seine mittlerweile promovierte Schwester. Diese hat den längeren Atem in diesem unsäglichen Konkurrenzkampf gehabt, vermutlich, weil sie mit einem zwar auch niedrigen, aber doch höheren Geburtsgewicht geboren worden und sofort ins Elternhaus gekommen war, während die Zwillingsschwester als Winzling einige Wochen im Brutkasten zu verbringen hatte – eine Benachteiligung, die sich in ihr als ein geradezu schicksalshafter Neid auf die Schwester festprägte.

In manchen Fällen wird auch versucht, die geschwisterliche Situation der Kinderzeit umzukehren und dann im Erwachsenenalter durch einen erneuten Machtkampf zu revidieren. Besonders bei zwei Geschwistern vom Ordnungstyp wird die jüngere Schwester versuchen, der älteren ihre einstige Dominanz zu rauben und das einstige Machtgefälle zur Dominanz der Jüngeren umzudirigieren. Das kann viel Streit hervorrufen und ist wenig geeignet, dass mehr Einklang entsteht – es sei denn, die Reaktionsweisen werden als Relikte der Kinderzeit entlarvt und mit Humor zu ändern gesucht.

Zur Veranschaulichung auch dazu noch ein Fall. Eine Älteste in der Geschwisterreihe, ein Einsiedlertyp, hatte sich durch die vier Jahre nach ihr geborene Schwester umso mehr gestört gefühlt, als diese sehr viel schöner war und viel bewundert wurde. Diesen Schicksalsvorteil hatte sie durch die täglichen Attacken der Älteren, durch Abwertungen und Schikanen reichlich zu büßen gehabt. Die Jüngere entwickelte in dieser Konstellation einen ausgeprägten Darstellungstyp. Von der neidischen Schwester zu Minderwertigkeitsgefühlen genötigt, baute sie die Vorteile ihrer schönen Gestalt zu einem erfolgreichen Leben aus. Sie wurde Schauspielerin und avancierte zur Regisseurin.

Als ihre Schwester durch die Schließung des Betriebs, in dem sie Sekretärin war, arbeitslos wurde, besorgte die Jüngere der Älteren in München einen Arbeitsplatz bei der Filmgesellschaft, der sie zugehörte, und da die Regisseurin eine geräumige Wohnung hatte, bot sie der Schwester an, den abgeschlossenen Gästetrakt dort in Anspruch zu nehmen.

Aber der Job erwies sich für die kontaktschwache Ältere als unangemessen. Verbittert maulend klagte sie am Abend regelmäßig der Schwester ihr Leid. Diese besaß zwar zunächst viel großzügiges Mitleid, aber dann siegte in ihr die Lust, der Älteren die alten Schikanen durch Demonstrationen ihrer Überlegenheit in ihrer so viel höheren Position zurückzugeben. Unter lustvollen Belehrungen schlug sie vor der Schwester geradezu Pfauenräder, bis diese wieder in die Heimatstadt zurückzog und sich in einem kärglichen Single-Leben einigelte.

c) Weitere Gemeinschaften zwischen erwachsenen Verwandten

Einem Zusammenleben von Eltern mit einem erwachsenen Sohn oder einer erwachsenen Tochter liegt in unserer heutigen Gesellschaft fast immer eine materielle oder psychische Not zu Grunde, ein seufzendes Beieinanderbleiben oder Miteinanderzusammenziehen. Relativ häufig ist es, dass der verwitwete Vater oder die verwitwete Mutter – um ihnen das Altersheim zu ersparen – in die Familie der Tochter oder des Sohnes aufgenommen wird. Kaum einmal zieht ein alter Vater zu seinem unverheirateten Sohn, zur allein lebenden Tochter (eher schon zur Tochterfamilie). Bei einer allein bleibenden Mutter kommen alle drei Kombinationen wesentlich häufiger vor.

Zusammenleben dieser Art ist am einfachsten, wenn der Vater ein Einsiedlertyp ist. Er ist sich auch im Alter meist selbst genug und damit zufrieden, wenn er in Ruhe gelassen wird. Mütter vom Hingabetyp (und das ist der häufigste Typ unter ihnen) können als alte Frauen im Zusammenleben mit ihren Angehörigen erhebliche Schwierigkeiten machen, da sie nicht aufhören, einzugreifen, sich überall nützlich machen zu wollen, auch dort, wo das weder erwünscht noch angebracht ist. Das kann zu Zerreißproben, zu Zerwürfnissen mit viel Schmollen führen, die die Familienatmosphäre vergiften. Auch die nicht seltenen Ordnungstypen unter alten, von erwachsenen Kindern aufgenommenen Müttern können dramatische Streitereien heraufbeschwören, weil sie zu bestimmen suchen und das letzte Wort haben wollen. Eine verwitwete Altbäuerin hatte wie eine großmächtige Pförtnerin einen Platz in der Mitte der Diele eingenommen und fragte jeden der Angehörigen, wohin er ginge und woher er käme ... Passte ihr das nicht, schlug sie mit dem Krückstock auf den Tisch und befahl: „Du bleibst hier!"

Wenn solche Machtkämpfe im Allgemeinen heute auch subtiler sind, sind sie doch nicht weniger häufig. Menschen vom Darstellungstyp kommen in dieser Palette freilich viel seltener vor. Sie werden durch ihr genussfreudiges Leben seltener hochbetagt, oder ihr Typ kommt durch altersbedingte Schwäche im höheren Alter nicht mehr zur Ausprägung.

Bei Konstellationen zwischen erwachsenen Familienangehörigen gibt es eine, die immer noch relativ häufig vorkommt: das Zusammenleben einer Mutter mit ihrer unverheirateten Tochter oder ihrem unverheirateten Sohn. Im Extremfall ist das im Leben dieser beiden Personen nie anders gewesen: Die Mutter hat dieses eine Kind allein großgezogen, nicht selten, ohne selbst je verheiratet gewesen zu sein, sodass dem entsprechend eine besonders tiefe Verbindung existiert.

Aber die Beziehung ist, seit der Sprößling erwachsen ist, kaum einmal ohne eine erhebliche Ambivalenz: Das Entwicklungsgesetz in dem Herangewachsenen mahnt ihn zur Selbstständigkeit – je nach Typ in unterschiedlicher, aber unüberhörbarer Weise. Söhne vom Einsiedlertyp schotten sich dann in ihrem Zimmer ab und verweigern der Mutter häufig sogar den Sprechkontakt. Ist diese vom Hingabetyp, so kann ihr das geradezu das Herz brechen. Söhne vom Hingabetyp pflegen sich der Mutter zwar unterzuordnen, machen ihr aber häufig durch Unordnung, lang schlafen, Trinken, Rauchen oder Fressorgien das Leben schwer, schon ganz und gar, wenn diese zum Ordnungstyp gehört.

Gar nicht einmal so selten hat aber der Sohn (eher als die Tochter) einen Darstellungstyp entwickelt, der viel ausschwärmt und die Mutter von einer Unruhe in die andere stürzt; denn dass sie selbst ein Darstellungstyp und infolgedessen dagegen immun ist, ist höchst unwahrscheinlich – denn dann hätte sie den Nestling längst vor die Tür gesetzt oder selbst das Weite gesucht. Wenn die Mutter ein Hingabetyp, der erwachsene, mit ihr zusammenlebende Sohn ein Darstellungstyp ist, ergeben sich nicht selten Dramen von der Art des folgenden Falls: Eine allein erziehende Mutter hatte sich ganz der Betreuung ihres Sohnes hingegeben. Der mit einer anderen Frau verheiratete Vater des Kindes war ein reicher Mann, der sich zwar von seiner Geliebten wieder ganz zurückgezogen hatte, aber sie so vorzüglich unterstützte, dass sie ohne jegliche finanzielle Beeinträchtigungen leben konnte, obgleich sie – als Hingabetyp – alles andere als sparsam war, sondern eher zur Verschwendung neigte.

Die Bedingung dieses großzügigen Arrangements war, dass der Vater nicht in Erscheinung treten und der Junge den Namen seines Erzeugers erst nach dem Abschluss seiner Berufsausbildung erfahren sollte. Der Vater des unehelichen Kindes hatte sich auf diese Weise von seinem Gewissen losgekauft. Die Mutter war auf die Forderung lediglich eingegangen, weil sie so alle Möglichkeiten bekam, ihre Umschlingungsneigungen an dem Sohn geradezu auszutoben.

Dieser übersteigerten Intention kam entgegen, dass der Sohn mit einer Hüftluxation geboren wurde, die Operationen und therapeutische Maßnahmen nötig machte, sodass ihre Übermutterungslust voll zur Verwirklichung kam. Wie ein dicker süßer klebriger Brei ergoss sich eine Kindheit lang eine maßlose Verwöhnung über den Goldsohn. Er wurde auch rasch zum Außenseiter in der Grundschule, der die unzureichende Anerkennung bei den Gleichaltrigen bald durch geschickte Clownerien und Streiche im Klassenzimmer zu kompensieren wusste.

Schon in der Pubertät war die Entwicklung zum ausgeprägten Darstellungstyp perfekt. Dabei spürte sein Unbewusstes wohl sein Defizit bei der Entwicklung einer echten männlichen Identität. Er begann männliche Klassenkameraden heimlich zu bewundern, ja, für einen jungen Sportlehrer begann er so zu schwärmen, dass er sich bald selbst als schwul einschätzte.

Nach dem Abitur begann er eine Ausbildung auf einer Journalistenschule, die sich am Wohnort befand. Halb unwillig, aber aus Bequemlichkeit dennoch zustimmend, blieb er bei seiner Mutter hängen, deren Hauptlebensinhalt weiterhin darin bestand, sich alles nur Erdenkliche an Fürsorge für den Sohn einfallen zu lassen. Dieser kam aber immer seltener nach Hause, was zu vielerlei ärgerlichen Vorwürfen führte, wenn er dann doch auftauchte. Er ließ es über sich ergehen, dass „seine Alte", wie er sie abfällig nannte, zunächst Gift und Galle versprühte und ihm – in Selbstmitleid aufschluchzend – Undankbarkeit vorwarf. Dennoch gehörte es zum Ritual, dass er sie danach großherzig in seine Arme schloss und als die beste aller Mütter bezeichnete.

Dieser Vorgang hätte möglicherweise noch jahrzehntelang in ähnlicher Weise vonstatten gehen können, wenn der Mutter nicht eines Tages zu Ohren gekommen wäre, dass ihr Sohn regelmäßig Homo-Treffs frequentierte und dass er viele häufig wechselnde Sexpartner habe. Die Welt dieser Mutter brach zusammen. Eine schwere Depression stellte sich ein. Viele Aufenthalte in Kliniken und Sanatorien endeten in einem Pflegeheim. Den Sohn erschütterte die Entwicklung so, dass er sich einer Psychotherapie unterzog, seine Homosexualität abschüttelte und – erst als Vierzigjähriger – den vollen Status eines reifen Erwachsenen erreichte. Das bedeutete, dass er den exzessiven Teil des Darstellungstyps auf ein angemessenes Maß zu reduzieren vermochte.

Die Konstellation: Mütter mit einem erwachsenen Sohn beziehungsweise einer erwachsenen Tochter ist der Weiterentwicklung der Jüngeren also nicht so ohne weiteres förderlich. Sie gerät leicht in die Stagnation, und da das unglücklich macht, kommt es dann auch zu mehr Streitereien, die sich an Nichtigkeiten entzünden, ohne dass sie der eigentliche Grund sind. Am ehesten bewährt sich noch das Zusammenleben einer Mutter vom Ordnungstyp mit einer Tochter vom Hingabetyp. Diese hat wenig Schwierigkeiten, die Dominanzbedürfnisse der Mutter zu ertragen, sie kann Mutters Perfektion genießen, ohne sich am Feierabend selbst groß anstrengen zu müssen. Ungut wird diese Beziehung nur, wenn sie von der Mutter die seelische Wärme erwartet, nach der sie sich sehnt. Gelingt es ihr, die in einer anderen Beziehung zu finden, so mögen die Schwierigkeiten gering bleiben.

Eins ist gewiss: Das Zusammenleben mit nahen Angehörigen ist nur scheinbar eine einfache Lebensform. Auch um sie erträglich zu gestalten, bedarf es sorgfältiger gemeinsamer Überlegungen, bedarf es am besten eines beratenden Dritten, der die Konstellation der Typmischungen durchschaut und in der Lage ist, zu erklären, wie sich die Ecken, die sich hart im Raum stoßen, abschwächen lassen.

Erwachsene Familienangehörige sind besonders wenig geeignet, zur Ergänzung von Defiziten bei den so nahen Verwandten beizutragen. Erziehungsversuche der Alten, Befreiungsversuche der Jungen stehen dem entgegen. Deshalb haben Zweiergemeinschaften in Wahlverwandtschaften auf Dauer mehr Aussicht auf harmonisches Zusammenleben, unter der Voraussetzung, dass sich beide ihrer Animositäten, ihrer Besonderheiten und ihrer Grenzen bewusst sind.

Eine oft lange gut gehende Ausnahme bei Blutsverwandten kann das Zusammenleben einer Großmutter mit einem Enkel sein, weil durch den erheblichen Altersunterschied die typischen Eigenschaften der Großmutter den Enkeln gegenüber gelegentlich in den Hintergrund zu treten vermögen. Der Altersunterschied schwächt das Konkurrieren, das Einanderübertrumpfen und Einanderausstechen ab; es sei denn, die

Großmutter ist in mächtiger Dominanz ein Hingabetyp und der Enkel ein junger Mann. Dann können Verwöhnungen so beherrschend in den Mittelpunkt treten, dass der Enkel im besten Fall nur fliehen kann – von welchem Typ auch immer er ist. Allerdings: Ist auch er ein Hingabetyp, kann er eine Aktivitätsatrophie erleiden und allmählich in passive Depressivität absinken.

Ähnliche Konstellationen zwischen alten Männern und blutsverwandten jungen Frauen sind hingegen äußerst seltene Ausnahmen. Ganz gelegentlich nur bleiben nach dem Tod oder der Scheidung von der Ehefrau heute Vater und Sohn, Vater und Tochter in ausschließlicher Zweisamkeit zusammen. Die Katastrophe, die dieser Situation vorausging, kann unverträgliche Besonderheiten zunächst abschwächen. Die Schicksalsgemeinschaft bewirkt eher, dass die beiden Zurückgelassenen oder Zurückgebliebenen wenigstens eine Zeit lang intensiver zusammenhalten. Konkurrenzkämpfe gibt es am härtesten, wenn beide Ordnungstypen sind und der Jüngere ein Sohn ist. Töchter pflegen in dieser Situation ihre Hingabeanteile zu verwirklichen und eher in die Hausfrauenrolle, in die Position der Ehefrau zu schlüpfen. Sind aber beide dominante Darstellungstypen, so entsteht daraus gar nicht einmal selten eine erotische Versuchungssituation zwischen Vater und Tochter.

Durch die Lockerung in den familiären Lebensformen und durch die vielen Scheidungen treten gelegentlich neue, bisher gänzlich ungewohnte Konstellationen in Erscheinung: Gemeinschaft von Stiefmüttern mit jeweils einem ihrer Stiefkinder, von Stiefvätern mit Stieftöchtern. Dergleichen tritt fast immer nur ein, wenn durch Scheidung oder Tod der leibliche Vater oder die leibliche Mutter des jungen Menschen ausgefallen ist. Aber wenn die Angeheirateten dennoch zusammenbleiben beziehungsweise zusammenziehen, pflegt meist eher eine mehr oder weniger bewusst erotische Bindung ausschlaggebend zu sein – mehr jedenfalls als die ähnliche oder durch ihre Gegensätzlichkeit anziehende Charakterstruktur.

Ein prominenter Fall ist die Stieftochter des SPD-Parteivorsitzenden Herbert Wehner gewesen, die nach dem Tod seiner Ehefrau, der Mutter der Stieftochter also, deren Funktionen weit gehend übernahm, sodass er sie schließlich heiratete. Dem harschen Ordnungstyp Wehner scheint sie eine einfühlsame Gefährtin vom Hingabetyp gewesen zu sein.

Ähnliche Voraussetzungen haben meist Gemeinschaften zwischen Schwiegervätern beziehungsweise Schwiegermüttern mit Schwiegertöchtern beziehungsweise Schwiegersöhnen. Nicht spontane Zuneigung macht hier den Vorreiter, sondern der Ausfall der blutsverwandten Person. Wenn sie länger währen, darf man aber annehmen, dass sie als Charaktertypen besonders gut zusammenpassen und zwischen Schwiegertöchtern und Schwiegervätern oft ebenfalls – mehr oder weniger eingestanden, mehr oder weniger ausgelebt – eine erotische Zuneigung besteht, besonders wenn die Schwiegertochter vom Hingabetyp ist. Sie kann besonders den älteren Herrn vom Ordnungstyp, aber manchmal sogar welche vom Darstellungstyp faszinieren.

Der elementarste Gegensatz besteht zwischen Schwiegermutter und Schwiegersohn. Auch in der Not sollte von einer Zweisamkeit dieser Art abgeraten werden; denn hier hat jeder jüngere Mann archetypische Widerstände. Sie sind von Charaktertyp zu Charaktertyp verschieden und darüber hinaus auch noch steigerbar. Ein Schwiegersohn vom Einsiedler- oder Hingabetyp kann von der Schwiegermutter mit Ordnungs- oder Hingabedominanzen geradezu erdrückt werden; ein Schwiegersohn vom Darstellungstyp hat bei der Einsiedler-Schwiegermutter nichts zu lachen. Allenfalls wenn die Schwiegermutter von einem noch vorhandenen Ehemann in Schach gehalten wird, kann es gehen, dass der Schwiegersohn es unter ihren Fittichen aushält.

Dazu ein Beispiel: Ein junger erfolgreicher Chemiker war durch zwei schwere Schicksalsschläge in verzweifelte Not geraten. Seine erste Frau war nach der Geburt ihres ersten Kindes im Wochenbett an einer Embolie gestorben. Er hatte, um die kleine Tochter nicht mutterlos aufwachsen zu lassen, rasch wieder geheiratet. Aber kurze Zeit nach der Geburt eines Sohnes war diese Frau bei einem Verkehrsunfall umgekommen.

Die Eltern der verunglückten Tochter nahmen den verwitweten Schwiegersohn mit seinen beiden Kleinkindern bei sich auf. Die resolute, relativ junge und tatkräftige Schwiegermutter – eine Mischung von Hingabe- und Ordnungstyp – nahm bald die Position der unentbehrlichen Familienmutter ein. Der Schwiegersohn, ein kreativer Einsiedlertyp, hatte den Mut, erneut auf die Suche nach einer Gefährtin zu gehen, verloren und wäre gern aus dem wuseligen Familienleben mit der liebevoll-lauten Großmutter seiner Kinder in ein Single-Leben entflohen, wenn er sich für ihre Erziehung nicht mitverantwortlich gefühlt hätte. Aber er litt unter der oft übertriebenen Fürsorglichkeit seiner Schwiegermutter mit ungezählten stillen Seufzern. Dennoch wagte er aus Rücksicht nicht, sich abends in sein eigenes Zimmer zurückzuziehen.

Aber dann nutzte er seiner Schwiegermutter Begeisterung über seine Filme und Fotos von den Kindern dazu, ihr den Wunsch vorzutragen, eine Dunkelkammer für das schnelle Entwickeln des Aufgenommenen zu erstellen, und da anderer Platz dazu nicht vorhanden war, wurde ihm gestattet, diese in einer Art Verschlag mitten im Wohnzimmer zu errichten. Dorthin verschwand er nun immer dann, wenn ihn seine Schwiegermutter allzu bedrängend zu vereinnahmen suchte. Der Einsiedlerkrebs hatte sein Gehäuse gefunden!

Warum gibt es so selten Zweiergemeinschaften zwischen Schwägerinnen? Das liegt daran, dass sie vom Ansatz her Konkurrentinnen sind. In den Augen der Schwester erhebt die Ehefrau des Bruders den Anspruch, die Bessere zu sein. Die Schwester fühlt sich als die Abgesetzte, schon ganz und gar, wenn sie unverheiratet ist. Sie hat deshalb die Neigung, die „Neue“ herabzusetzen, um sich in ein helleres Licht zu stellen, während die Ehefrau des Bruders dem durch Übertrumpfen zu begegnen sucht. Das hat mehr oder weniger versteckte Reibereien zur Folge – schon ganz und gar, wenn etwa beide vom Darstellungstyp sind. Archetypische Hindernisse dieser Art sollten bewusst angesprochen und ausgeräumt werden, ehe Schwägerinnen sich zu einem Leben miteinander entschließen – selbst wenn das Liebesobjekt (der Bruder beziehungsweise Ehemann) bereits das Zeitliche gesegnet hat.

8. Wenn der Typ zur Maske wird

Aus den bisherigen Kapiteln lässt sich die Erkenntnis ableiten: Nicht jeder passt zu jedem. Aber wenn es auch sinnvoll ist, die eine oder die andere Kombination zu meiden, bewähren sich doch auch manche Gemeinschaften, die zwei charakterlich sehr unterschiedliche Menschen miteinander eingehen. Wir müssen lediglich bereit sein, voneinander zu lernen und allzu einseitige Entwicklungen zu vermeiden; denn das enthält die Gefahr der Erstarrung. Im übelsten Fall wird der Typ dann zu einer Art Maske, hinter der die eigentliche Vielfalt zurücktritt, ja unter Umständen sogar verkümmert. Das soll in den folgenden Kapiteln dargestellt werden.

In der psychotherapeutischen Praxis ist das ein geradezu gesetzmäßig ablaufender Vorgang: Die Menschen, die zu ersten Gesprächen kommen, hängen in der Garderobe zwar Hut und Mantel auf, sie bringen auch ihre Schwierigkeiten und Nöte einigermaßen offen heraus, aber ihr Eigentliches bleibt dennoch verhüllt. Erst nach vielen Begegnungen legen manche plötzlich mit einem Seufzer der Erleichterung das auf dem Tisch des Therapiezimmers ab, was sich vorher oft gar nicht lüften ließ, weil es mit dem Gesicht gewissermaßen verwachsen war: ihre Maske, die der Seele als Schutz dient und ihr eigentliches Sein verdeckt. Nur schrankenloses Vertrauen kann es ermöglichen, dass der Mensch es wagt, sich dem anderen in seelischer Nacktheit zu zeigen, denn er fühlt, dass das Preisgabe bedeutet.

Warum verhärten sich bei manchen Menschen die dominanten Charakterzüge zur Maske? Sie dient als Seelenschutz. Sie ist eine notwendige Folge der Selbstzweifel; denn Selbstreflexion bedeutet unweigerlich auch Erkennen von Unvollkommenheit. Dieser Vorgang produziert Scham, und die wiederum beschwört das Bedürfnis nach Beseitigung unlustvollen Empfindens durch Verhüllung, durch Bemäntelung herauf. Scham dieser Art drängt auf Verhüllung vor sich selbst und vor der Umwelt. Das wird zu einer notwendigen Schutzmaßnahme, die meint, sich tarnen zu müssen, um nicht randständig zu werden. Und je schwächer sich die Menschen in ihrem Ich fühlen, desto größer wird die Notwendigkeit zur Verfestigung der Maske. Der Mensch fürchtet das Mobbing. Besonders wenn mehrere sich zu einer Gruppe lachender Beschämer zusammentun, kann das für einen einzelnen Unmaskierten zur tödlichen Wertminderung werden. Deshalb also brauchen wir unsere Masken, um gegen Beschämungen dieser Art gefeit zu sein.

Weil Maskierung etwas mit dem Vorhandensein von Bewusstheit zu tun hat, tragen Säuglinge und Kleinkinder keine Maske; sie benötigen sie nicht, weil sie noch nicht beschämbar sind. Sie befinden sich noch im Status des absoluten Vertrauens in die Personen, von denen sie abhängen. Erneut einen Status der Maskenlosigkeit dieser Art im Reifungsprozess des Menschenlebens zu erlangen, wird uns laut Bibel („so ihr nicht werdet wie die Kinder") anempfohlen – ein Vorgang, der sicher nur erreichbar ist, wenn das berechtigte Misstrauen gegen die beschämungsbereiten Artgenossen durch ein übergreifendes Gottvertrauen getilgt und damit zu einer ebenso bescheidenen wie fröhlichen Selbstsicherheit wird.

Davor aber wird der schwache Mensch mit Maskierungen beschenkt, die die Funktion haben, ihn vor zerstörerischen Beschämern in ihm und um ihn zu beschützen. In der Verfestigung der Masken liegt allerdings eine Gefahr: Sie stellen zwar Schutzhüllen für jenes Übergangsstadium dar, in dem der Mensch noch zu schwach ist, um ohne sie voranzukommen; sie können aber auch eine einseitige Verformung einleiten und festschreiben, wenn sie nicht rechtzeitig wieder abgelegt werden.

Für den aufmerksamen Beobachter vom Fach ist es außerordentlich abenteuerlich und aufschlussreich, zu erfahren, wie verschiedenartig diese Seelenmasken bei den einzelnen Menschen sind, nicht nur in der Fülle der Ausgestaltung (so wie jedes Gesicht des Menschen einmalig ist, so ist es auch seine Maske), sondern auch in der Qualität ihrer Wirksamkeit. Es gibt Menschen, deren Masken unmittelbar imponierend wirken, ähnlich etwa dem Anblick eines männlichen Löwen. Es ist schlechterdings unmöglich, von dem glänzenden Auftreten nicht tief und nachhaltig beeindruckt zu sein. Dabei kann gut zur Schau getragenes Majestätisches ebenso beeindrucken wie der Duft und die Zartheit einer blumenhaften Maske – jedenfalls so oder so gekonnt.

Es gibt aber auch schlechte Masken, sie sitzen schief, sie wirken unecht und falsch, und jeder erkennt das Maskenhafte. Manche sind viel zu groß und aufdringlich und stoßen mehr ab, als dass sie beschützen. Und für den psychotherapeutisch Arbeitenden ist eindrucksvoll: Gar nicht einmal so selten kommt hinter diesen unguten, wenig wirkungsvollen Masken eine lautere, liebevolle, große Seele zum Vorschein wie auch manchmal hinter der gekonnten Maskierung ein Winzling.

Die *typischen* Masken, die in einer bestimmten Zuordnung zu den Charakterstrukturen ihrer Träger stehen, sollen im Folgenden noch etwas ausführlicher beschrieben werden, damit es dem Kundigen möglich werden kann, bereits anhand der Maskierung eine bestimmte Seelenstruktur dahinter zu vermuten. Es gibt anscheinend so etwas wie eine Komplementarität von Seelenstruktur und Maskierung, die partielle Aussagen über das ermöglicht, was eigentlich verhüllt werden soll. Davon soll ein wenig ausführlicher berichtet werden.

a) Die Ordnungsmaske

Die Maske des Ordnungstyps ist besonders eindrucksvoll. Sie kann geradezu als stramm bezeichnet werden. Sie ist von imponierender Korrektheit. Wollte man ein Bild dieser Maske zeichnen, so ließen sich etwa folgende Merkmale symbolhaft herausstellen: Die Haartracht der Maske hat bei Herren (selbst wenn sie in Wirklichkeit glatzköpfig sind) einen bewundernswert geraden Scheitel im kurzgeschnittenen und systematisch gebürsteten Haar. Die Lockenfrisur der Damen ist perückenhaft ordentlich. Der Mund dieser Maske ist oft mit ein wenig nach unten gezogenen Mundwinkeln schmallippig, die Nasenflügel sind verengt und verleihen der Nase eine gewisse Spitzigkeit. Nasenrücken und Wangenpartie sind von konturierter Schärfe. Die Augen sind meist durch eine vertikale Stirnfalte nahe zusammengerückt und von markanten Brauen eindrucksvoll betont.

Menschen, die sich in dieser Weise maskieren, tragen eine derart vollkommene Höflichkeit zur Schau, wie sie nur eine strenge Gouvernante, der Knigge als tägliche Bettlektüre oder sein wiederholtes Studium zu vermitteln vermag. Sie sind in ihrer Kleidung proper, modisch, distinguiert; ihr sorgfältig geschnürtes Schuhwerk glänzt als Folge angestrengter Mühewaltung. Die Sprechweise ist pointiert, kultiviert und karg. Die Körperhaltung ist sehr gerade, das Körpergewicht entspricht der Idealnorm, der Kopf liegt leicht im Nacken, das Kinn ist ein wenig vorgestreckt und vermittelt den Eindruck eines Stoßkeils. Durch diese Kopfhaltung bedingt entsteht im Blick etwas Herabschauendes, gewissermaßen jovial Herablassendes.

Die Maske des Ordnungstyps bewirkt den Eindruck des Vornehmen, Elitären, Wissenden, Hervorragenden, Gewichtigen und Bedeutungsvollen, und – mehr oder weniger versteckt – des Mächtigen, Einschüchternden. Mit dieser Maske angetan vergibt man sich nichts. Man ist praktisch immer Westen- und Wertsachenträger mit sorgfältig geknotetem, vornehm kostbarem Schlips oder dem akkuraten Hosenanzug oder Schneiderkostüm à la mode.

Hinter der Maske des Ordnungstyps sitzt der Ordnungstyp – über lange Strecken nichts weiter als der Ordnungstyp: sparsam, gerecht und korrekt; manchmal verschlimmert: selbstgerecht und pedantisch; oder am schlimmsten: schweigsam vereist, intolerant, herrschsüchtig und zwanghaft überkorrekt. Und weit, weit hinter all den Übermasken und Untermasken kommt erst zum Vorschein, was verdeckt werden soll: das Empfinden einer sich nicht eingestehbaren Unvollkommenheit, ja mehr, die Angst vor einer übersprudelnden, unkontrollierten Lebendigkeit, die Furcht vor überschießenden Gefühlsreaktionen und die Bemühung, diese nicht geduldeten Impulse durch Disziplin, Ordnung, Kontrolle und Verleugnung zu verstecken: vor sich selbst, aber auch und ganz und gar vor der Umwelt.

Wie gesagt: Die Maske des Ordnungstyps hat viele Schichten. An ihr wird täglich poliert, zurechtgestutzt, verbessert. Diese Maske sitzt vollkommen, sie ist korrekt angepasst. Und dennoch unterliegt sie großen Gefahren: Sie hat eine Neigung, starr zu werden und den Lebensatem der Seele in zunehmendem Maße abzuschnüren, sodass nicht selten genau das geschieht, was durch eine derartig gründliche Maskierung verhindert werden sollte: Die Maske hält nicht mehr stand, der Lebensstrom bricht sich als feuriger Vulkanausbruch als Jähzorn seine Bahn; die erstarrte Maske zerschellt am Boden. Der Biedermann entpuppt sich als Brandstifter. Das sind die Stunden jener Feueröfen, sprich jener Lebenskatastrophen, in denen Beziehungen, ja unter Umständen sogar Leben zerstört werden können. Menschen mit einer Ordnungsmaske fürchten mit Recht, dass ihre aufgestauten Aggressionen in undifferenzierten Wutausbrüchen hervorbrechen könnten. Sie versuchen infolgedessen, ihre Maske mehr und mehr abzusichern, ja, sie versuchen sogar, sie auf ihre Umwelt auszuweiten. Die anderen – so ist im Extremfall ihre Intention – sollen ebensolche Maskenträger sein. Sie schreiben ihnen streng „law and order" vor, sie versuchen, sie zu dressieren, wo ihnen das Leben dazu nur die Möglichkeit gibt: als vorgesetzter Beamter die Untergebenen, als Offizier die Soldaten, als Abteilungsleiter die Angestellten, als Vater oder Mutter die Kinder.

Die Ordnungsmaske bedarf, um im Bild zu bleiben, der täglichen Beschneidung, wenn nachgewachsene Haarlocken hervorzulugen wagen. Deshalb wird auch am Verhalten der Untergebenen herumgeschnippelt (das heißt kritisiert) und versucht, ihnen ein ähnliches Korsett aufzuzwingen. Maskenträger dieser Art finden sich auch unter den rigiden Wächtern der Sitte, der Moral oder auch mancher Verhaltensweisen im religiösen Bereich. Sie empfinden Lockerungen als Bedrohung der Maskenkontur und finden im Kampf für den Erhalt der Form ein Ventil für ihre unter der rigiden Maskierung aufgestauten Aggressionen.

Je starrer die Ordnungsmaske, desto kleinlicher wird der Mensch. Er nimmt Unwesentliches übergenau und quält damit seine Umwelt. Im Extremfall mündet der Träger einer Ordnungsmaske in zwanghafte Verhaltensweisen ein: Das einmalige Waschen der Hände kann nicht ausreichen, den Schmutz von den Händen zu lösen. Es muss wieder und wieder gewaschen werden. Und da es sich hier lediglich um eine symbolische Handlung auf dem Boden der Angst vor den Durchbrüchen des Lebens unter der Maske hervor handelt, kann sie nicht befreien, sondern bleibt im elenden Wiederholungszwang stecken. Nicht auf den pathologischen Waschzwang allein bezieht sich das. Zu dieser Kategorie gehört die ganze Palette der Zwangskrankheiten: die Ordnungszwänge, Rückversicherungszwänge, Entscheidungsnöte und der Arbeitszwang (Workoholics). Die nicht erreichbare Perfektion einer total absichernden Seelenmaske bewirkt diese quälenden Einengungen des Lebens. Die von ihnen Betroffenen streben eine immer noch vollkommenere Unterwerfung auch der Umwelt unter die zwanghaften Rituale an und pflegen damit sich und den Mitmenschen das Leben in der fürchterlichsten Weise zu vergällen.

Der Ausweg kann nur in dem Mut bestehen, die Maske abzuwerfen und es sich zu gestatten, der eigenen Unvollkommenheit hinter ihr unbekümmert ins Gesicht zu schauen. Nicht nur die Untadeligkeit, sondern auch das Versagen, die Unkorrektheit und alles Unzureichende, ja alle Spontaneität sollten als eine natürliche Beigabe eines jeglichen Charakters angenommen werden. Aber oft ist das erst dann möglich, wenn im Schmelztiegel der selbst heraufbeschworenen Katastrophe die Maske zerbrochen ist. Dann kann daraus im besten Fall ein neuer Mensch hervorgehen, für den eine Maskierung im oben beschriebenen Sinne nicht mehr lebensnotwendig ist.

b) Die Hingabemaske

Wie anders ist die Maske des Hingabetyps! Ihr Hauptmerkmal ist die Liebenswürdigkeit. Diese Maske ist breitgesichtig, vollwangig, lippenüppig und großäugig. Freundlich, weich, warm, zuvorkommend – mit einem solchen Verhalten angetan, lassen sich Freunde gewinnen! Die mit der Maske des Hingabetyps Umhüllten tragen ihr Herz auf den Lippen. Sie sind spontan und jederzeit gute Kumpel. In fröhlichem Genuss rücken sie einander so nahe wie möglich. Sie machen dem Gegenüber deutlich, dass sie ihn auf Händen tragen wollen. Der mit dieser Maske Angetane errät gewissermaßen, wo den anderen der Schuh drückt und macht sich Ärmel hochkrempelnd daran, die Sache in Ordnung zu bringen. Und wenn er beim anderen keinen drückenden Schuh ausfindig machen kann, so erfindet er eine Schwachstelle und hämmert eilfertig daran herum.

Der Hingabetyp ist bereit, dem neu gewonnenen Freund große Geschenke zu machen, kostbare Geschenke – nur seine Maske ist ihm heilig. Sie verschenkt er auch in der größten Bedrängnis nicht. Diese Maske ist gleichsam kugelrund übergewichtig-gewichtig, Raum verdrängend, aber unwiderstehlich in ihrer fröhlich-unbekümmerten Spontaneität und aufmerksamen Hilfsbereitschaft.

Die Maske des Hingabetyps verrutscht leicht einmal. Unter Alkohol und emotionaler Erhitztheit schmilzt sie rasch dahin. Dahinter wird eine melancholische Seele sichtbar, oft auch eine resigniert-mutlose, müde, eine „irgendwie“ hoffnungslose Seele mit „hungrigen Augen“. Aber wenn der andere aus Mitleid mit der provozierten atemnahen Intimitit nachgegeben hat, können diese Augen plötzlich in Bemächtigungslust aufglühen. Wenn die Demaskierung des Hingabetyps so weit fortgeschritten ist, sollte man rennen, so rasch die Füße tragen! Denn sonst verwandelt sich diese Maskengestalt plötzlich in ein riesiges Maul, in dem Mann, Ross und Wagen mit einem einzigen Riesenschwapp verschwinden können, als hätte es sie nie gegeben.

Und an solchen Erfahrungen kann deutlich werden, warum der Hingabetyp ausgerechnet die Maske der so entwaffnenden, gewinnenden Liebenswürdigkeit tragen muss: Er fürchtet sich mit Recht vor der Maßlosigkeit seines Seelenhungers. Er spürt die Gefahr, sich des anderen hemmungslos bemächtigen zu wollen, ja, er hat schon früh die Erfahrung gemacht, dass das gierige Vereinnahmen und An-sich-Reißen die anderen zurückstößt und ihn in noch ungeliebtere Vereinsamung treibt. Die Maske immer dienstbereiter Liebenswürdigkeit kann das grimmige Gesicht der Gier überdecken.

Das Übermaß an nicht erbetener und in dieser Fülle nicht gemeinter Dienstleistung zwingt den anderen auf verpflichtende, sanfte Weise zur Liebe, zur Bindung, zum Dank. Die Maske der Vergewaltigung wird durch die Maske der „Vergewohltätigung“ vertuscht.

Die Opfer dieser vereinnahmenden Natur hinter der Maske zärtlicher Nähe, Offenheit und Uneigennützigkeit wären gewiss noch zahlreicher, als sie ohnehin sind, wenn die Maske besser und durchhaltend fester säße. Aber oft ist das dahinter stehende Bedürfnis so aufdringlich und so unverhohlen sichtbar in ihrer Anmaßung und anbiedernden Vereinnahmungstendenz, dass die Vertrauensseligen rechtzeitig vor den ihnen die Freiheit raubenden Fängen gewarnt werden.

Es gehört zur lebenslänglichen Dauerfrustration des Menschen mit einer Hingabemaske, dass sich ein Alleingelassensein, das sich oft bereits in der Säuglingszeit eingeprägt hat, immerzu wiederholt, weil sein übertriebenes Klammern Distanzierung der ihm nahe Gekommenen hervorruft. In ewiger Wiederkehr bleiben die Suche nach immer währender Nähe und immer neuer Enttäuschung bestehen, bis die Hingabemaske sich so verfestigt hat, dass sich dem werbenden Lächeln ein lauernder Blick und ein verbitterter Mundwinkel zugesellen – eine Maske, die die eilfertige Ehrlichkeit der Hilfsbereitschaft und Hingabebereitschaft im traurigsten Fall sogar einbüßt. Die bittere Enttäuschung des misslungenen Beutefangs ist der Feuerofen des Hingabetyps, in dem seine Maske durch ein Hinfinden zu Gott umgeschmolzen werden kann zu dem echten Ausdruck einer aus dem Vollen schöpfenden Liebe, die der Vervollkommnung durch Seelenraub dann nicht mehr bedarf.

c) Die Darstellungsmaske

Von noch anderer Art ist die Maske des Darstellungstyps. Sie hat überhaupt keine bestimmte Kontur, sondern ist in zauberischer Weise wandelbar. Sie ist immer so, wie die jeweilige Umwelt sie haben will. Der Darstellungstyp drückt quasi das flexible Material seiner Maske erst einmal auf das Gesicht seiner Umwelt, macht von ihr einen Abdruck, um ihr dann mit genau diesem Gesicht selbstsicher gegenüberzutreten und sie gewissermaßen im eigenen Verhalten widerzuspiegeln. Das bewirkt viel Anerkennung.

Der Darstellungstyp vollzieht mit dieser Art der Mimikry eine Superleistung der Anpassung. Es ist ihm dabei vollständig gleichgültig, ob er selbst unter der Verformung leidet, ob ihn die Unangemessenheit beeinträchtigt. Seine Maskierung ist auf optimale Anpassung aus, um optimalen Applaus zu ernten und optimalen Erwartungen der jeweiligen Umwelt zu entsprechen. Deshalb besticht seine Maskierung durch eine Fülle immer neuer Verwandlungskünste.

Diese Maske ist Schauspielerei schlechthin. Der Darstellungstyp liebt deshalb die Wanderbühne, sprich den häufigen Orts- beziehungsweise Publikumswechsel, weil seine Maske des Wechsels bedarf; denn im Wechsel erneuert sie sich, während sie beim Verharren im gleichen Theaterstück vor gleichem Publikum so dünnhäutig wird, dass das wahre Gesicht leicht einmal sichtbar werden kann. Die schillernde, publikumsbedürftige Maske hat die Funktion, die Schwäche des Darstellungstyps zu verhüllen: die Unsicherheit seiner eigenen Identität, die einen Verlust seiner Selbstachtung zur Folge haben kann.

Seine Maske hat wenig Kontur, denn in der Tiefe der Seele fürchtet er, dass seine vermeintliche Nichtswürdigkeit, das Einzige, wovon er wirklich überzeugt ist, erkennbar werden könnte. Der vom Publikum verworfene Clown stirbt deshalb wie ein Gummitier, dem man die Luft abließ, nämlich als Nur-Hülle im entleerten Kostüm: Die Zaubermaske der Vielfalt ist geeignet, die gesamte personale Substanz in sich aufzusaugen, sodass die Demaskierung am Ende eines langen Schauspielerlebens Wesenlosigkeit entlarvt. Einzig ein früher und rechtzeitiger Misserfolg ist geeignet, aus der Selbstverachtung das Gold zu schlagen, das dem Darstellungstyp innewohnt: nämlich Selbstgewissheit und Selbstbewusstsein im Erfahren eines dennoch Geachtet- und Geliebtseins ohne Schauspielermaskierung: mit Hilfe einer Person, die ihm in der Phase der Demaskierung die Treue hält.

d) Die Einsiedlermaske

Die Maske des Einsiedlertyps ist besonders unter den jungen Menschen heute ziemlich häufig geworden. Sie mimt den souveränen Selbstgenügsamen. Diese Maske trägt oft abstoßende

Züge: unsaubere Kleidung, Abgerissenheit, Ungewaschenheit, langhaarige Struppigkeit. Sie betont nonchalantes Verhalten nach dem Motto: „Ihr könnt mir alle mal ...!“ Sie provoziert Kopfschütteln und Distanzierung, macht aber gleichzeitig auf sich aufmerksam. Diese Maske ist auf Verhässlichung als spezifische Verhüllung aus; denn eine Maskierung dieser Art hat zur Folge, dass exklusive Gruppenbildung von Auch-Hässlichen zu Stande kommt und alle anderen Personen in gebührender Distanz gehalten werden.

Die Maske der anspruchslosen Genügsamkeit kann, wenn man sich erst einmal an sie gewöhnt hat, zur kaum wieder lösbaren Einheit mit der darunter verborgenen Personalität werden. Sie verklebt und verkrustet dann zu einer verharschten, struppigen Einheitsfläche, sodass Oberhaut und Unterhaut von dem Betroffenen selbst nicht mehr unterschieden werden. Es entsteht gewissermaßen Urwaldeinsamkeit, sodass oft nicht einmal mehr empfunden wird, was mit dieser Maske denn eigentlich verhüllt werden soll: die Sehnsucht nach Zweisamkeit, denn diese Bedürftigkeit ist so groß, dass daraus die panische Angst wurde, in eine totale Abhängigkeit zu geraten. Viel Geduld ist nötig, um diese Maske von all ihren Verklebungen zu lösen und Zweisamkeit dort zu suchen, wo sie ohne Knechtschaft möglich ist ...

9. Gezeichnete Charakterstrukturen

Unter den Persönlichkeitstests gibt es einen – den von Karl Koch konzipierten Baumtest –, der als ein leicht zu handhabender, wenig Zeit erfordernder Zusatztest für den Psychodiagnostiker oft eine verblüffende Bestätigung bietet. Wie alle projektiven Testverfahren liegt ihm die berechtigte Vorstellung zu Grunde, dass ein Mensch grundsätzlich Aussagen macht über seine subjektive Befindlichkeit, ja über seinen geistig-seelischen Entwicklungsstatus, wenn man ihm die Möglichkeit zur freien Gestaltung gibt. Der Mensch macht Aussagen über sich selbst – in der Schrift, im Gang, beim Malen, freien Fabulieren und Darstellen und deshalb auch (und zwar in einer verblüffenden Aussagekraft) durch die Zeichnung eines Obstbaumes. Aus der Fülle der Zeichnungen, die in meiner Praxis junge Menschen gemalt haben, möchte ich im Folgenden einige vorstellen und daran die hauptsächlichen Charakteristika der vier Typen verdeutlichen.

a) Der Hingabebaum

Marlies S. malt einen Baum, der aus einem kurzen Stamm und fünf flüchtig hingeworfenen Strichästen besteht (siehe Abb. 12). Ebenso flüchtig, oft ohne feste Verbindung zum Ast, sind einige wenige Zweige eingefügt. Einige Blätter und neun teilweise geschwärzte, überdimensionale Früchte sind regellos hinzugesetzt. Die äußeren Zweige der rechten Seite der Baumzeichnung sind kahl gelassen worden. Die Zeichnerin verwen-

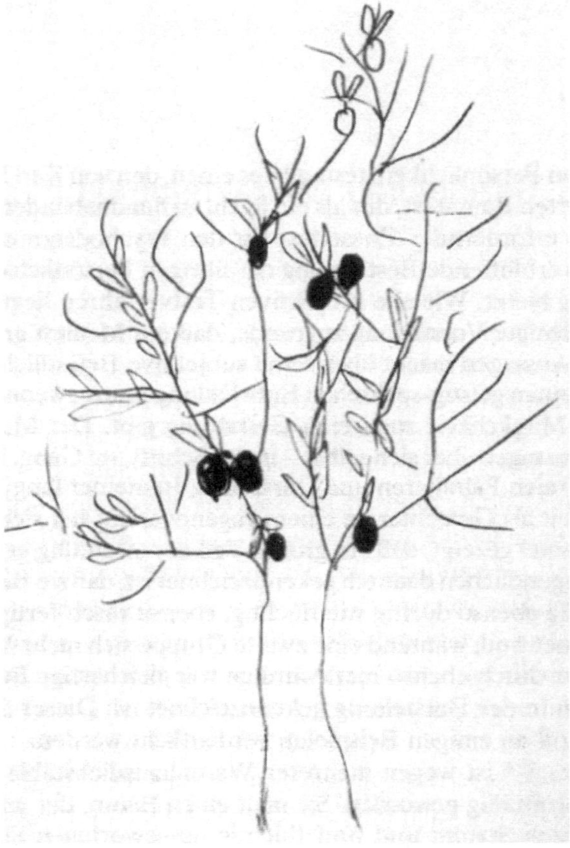

Abb. 12

dete bei guter Willfährigkeit zur Untersuchung auf die Zeichnung einige wenige Minuten, sie führte die Ausschmückung mit Äpfeln und Zweigen nicht zu Ende. Die Andeutung genügte ihr. Die Möglichkeit zu einer sorgfältigen Durchführung und Beendigung war ihr nicht gegeben. Mit einem Seufzer wie nach harter Anstrengung legte sie den Bleistift ab.

Viele der jugendlichen Depressiven, die ich im Zuge der psychologischen Untersuchung einen Baum malen ließ, entwarfen diese Baumform. Sie ist typisch für die Befindlichkeit und Arbeitsweise der Jugendlichen vom Hingabetyp. Nicht nur die weiteren Intelligenz- und Persönlichkeitstests bestätigen das; auch in ihrer Lebensgeschichte werden weitere Zusammenhänge sichtbar. Die Zeichnerin dieses Obstbaumes war wegen mehrerer Warenhausdiebstähle wiederholt straffällig geworden.

Sie hatte nach ihrem Schulabgang gar nicht erst den Versuch gemacht, eine Berufsausbildung zu beginnen. Sie hatte sich der „Unterwelt" des Städtchens zugewandt, verbrachte die Nächte in der Gesellschaft ihrer „Kumpel", war bald über Haschisch und LSD an härtere Drogen geraten und führt heute als einzige Tochter im Hause ihrer bürgerlichen Eltern das Leben einer ebenso nutzlosen wie Anstoß erregenden Drohne. Die Vorgeschichte des Mädchens zeigt die typischen Merkmale von Vernachlässigung (die Mutter blieb durchgängig berufstätig) und Verwöhnung.

Marlies bekam wie so viele ihrer Jahrgangsgenossen viel materielle Zuwendung, ohne eine pflegliche Verwurzelung und Bindung im Elternhaus erleben zu dürfen. Sie hatte keine hinreichende lustvolle Motivation zur Arbeit entwickelt, sie erlitt dadurch, dass man ihr zu viele Wunscherfüllungen zu leicht anbot, eine Aktivitätsatrophie, eine Verkümmerung der Fähigkeit, Ausdauer zu haben, bis ein befriedigender Erfolg eintritt. Ein Entwicklungsrückstand stellte sich ein. (Die Strichäste der Bäume sind ein Merkmal *frühkindlicher* Baumgestaltungsweisen, wie Karl Koch nachgewiesen hat.) Ihre Verwöhnung lässt sie jetzt erwarten, dass alle ihre Wünsche *sofort* befriedigt werden. Da Aufschub und Verzicht nicht geübt worden sind, können sie auch nicht ertragen werden. Die Riesenansprüche, die zusätzlich auf diesem Wege gezüchtet wurden, führten in eine Unersättlichkeitshaltung, die den Drang zum Diebstahl begünstigten.

Das vierundzwanzigjährige Mädchen hatte in einem Warenhaus zwei kostbare Kleider gestohlen, nachdem es festgestellt hatte, dass sein Geld nur für eines reichen würde. Marlies fehlte die Möglichkeit zum rechtmäßigen Erwerb der Kleider: das Geld dazu mit Hilfe eigener Anstrengung, eigener Arbeit zu erwerben. Zwar hätte sie die Kleider auf Rechnung schreiben lassen und dann von den nur allzu weichherzigen Eltern erbitten können, aber sie brauchte sie eben sofort, unmittelbar in dem Augenblick, in dem der Wunsch danach aufgetreten war. So behielt sie unter ihrem weiten Overall beide Kleider an, in dem unbestimmten Drang, endlich einmal genug zu bekommen.

Unzureichende seelische Zuwendung, Verwöhnung und das seelische Defizit hatten dem Mädchen etwas genommen, und zwar die Möglichkeit zur Aktivität und damit zur Eigengestaltung des Lebens. Deshalb erleben sich solche Menschen dann doch als arme, elende Habenichtse – selbst wenn sie in einer Millionärsvilla aufwachsen. Diese unbestimmte erhöhte Bedürfnisspannung, die die Habgier und damit die Motivation zum Diebstahl bewirkt, drückt sich in der Zeichnung der Jugendlichen oft darin aus, dass die Früchte sehr groß oder auch durch Schwärzung stark hervorgehoben gezeichnet wurden.

Viele Jugendliche zeichnen ähnlich wie Marlies geschwärzte Früchte und demonstrierten auf diese Weise ein allgemeines, diffuses Gefühl von Ungesättigtheit und Unzufriedenheit und die Unfähigkeit zur durchhaltenden Anstrengung. Auf der Basis des Hingabetyps haben sie eine depressive Charakterstruktur entwickelt. Besonders viele und oft übergroße Früchte sind ein typisches Merkmal des Hingabetyps. Sie sind damit das Merkmal einer starken oralen Bedürftigkeit – aber auch nicht mehr. Keineswegs lässt sich damit aussagen, dass gierige Triebdurchbrüche in Gestalt von Diebstählen bei allen jenen vorhanden sein müssen, die ihren Obstbaum voller Früchte malen. Bei vielen vom Hingabetyp gezeichneten Bäumen ist gleichzeitig eine geordnete Struktur vorhanden, die darauf schließen lässt, dass die seelische Bedürftigkeit gebändigt ist. Abb. 13 soll das verdeutlichen.

Abb. 13

Auch in der Baumzeichnung dieser sechzehnjährigen Oberschülerin ist die seelische Bedürftigkeit in Gestalt der vielen, leicht geschwärzten Früchte sichtbar. Aber ihr Baum ist auf einer viel stabileren Stammbasis aufgebaut, als sie Abb. 12 aufweist, und auch die Äste sind Ausdruck einer stärkeren Durchgestaltung.

Eindrucksvoll zeigt diese Zeichnung, dass die junge Frau ihr rechtes Maß noch nicht gefunden hat: Sie will mehr Raum einnehmen, als ihr zur Verfügung steht. Das überschießend Bedrängende des Hingabetyps kommt so zum Ausdruck. Formelemente des Ordnungstyps sind kaum vorhanden; bei fülliger Kraft fehlt dennoch die Ausgeglichenheit. Dieses junge Mädchen stürmt zwar in spontaner Intensität ins Leben, hat aber auch Probleme: Geschwärzte Schnittstellen am Stamm lassen auf seelische Traumata in der Kindheit schließen und die vielen nach unten geneigten Früchte deuten auf gelegentliche resignative Stimmungen hin.

b) Der Ordnungsbaum

Neben dieser Gruppe steht eine zweite Gruppe, deren Bäume durch eine ungewöhnliche Gestaltung der Äste gekennzeichnet ist. Die Astformen enden nicht, wie es der Natur entsprechen würde, spitz zulaufend, sondern sie enden entweder keulenförmig (siehe Abb. 14) oder als offene Röhren (siehe Abb. 15) und als abgesägte oder gar abgebrochene Stümpfe (siehe Abb. 16).

Die Aussage dieser Astformen lässt Schlüsse zu über das bisherige Lebensschicksal von Menschen, die ihren Baum in dieser Weise gestalten. Ich habe in meiner Praxis keinen Jugendlichen gesehen, der so zeichnete und der nicht gleichzeitig eine unangemessene Entwicklung seiner Aggressivität aufzuweisen hatte.

Der sechzehnjährige Dietmar B. zum Beispiel erschien seinen Eltern als superbrav. Er gehorchte ihnen aufs Wort – hatten sie doch auch alles getan, um den Jungen mit Strenge „abzurichten“. Mit Strafen und Schlägen war er sowohl zur Sauberkeit wie zum Lernen angehalten worden – freilich mit höchst zweifelhaftem Erfolg: Trotz durchschnittlicher Begabung wurde der Junge schon kurz nach Vollendung seines vierzehnten Lebensjahres mit einem Raubüberfall straffällig. Er hatte mit einem Kumpel einen alten, kranken im Bett liegenden Rentner mit einer Pistole bedroht und ihn genötigt, ihm seine gesamte Barschaft auszuhändigen. Gewalttätige Dressur hatte zunächst zu einer Verdrängung, später aber zu einer „keulenartigen“ Steigerung seiner Aggressivität geführt.

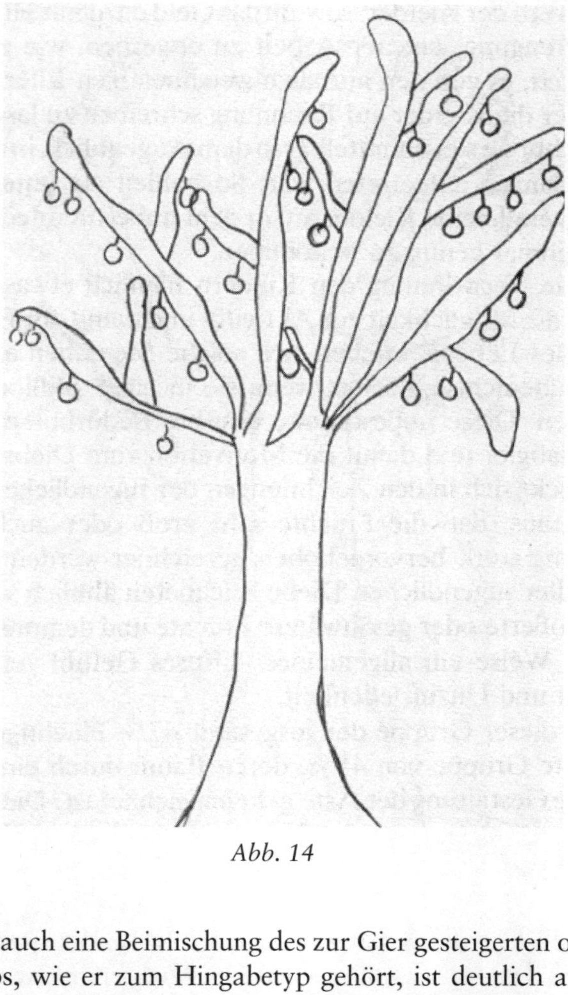

Abb. 14

Aber auch eine Beimischung des zur Gier gesteigerten oralen Antriebs, wie er zum Hingabetyp gehört, ist deutlich an der Vielzahl der Früchte, die unorganisch den groben Ästen angefügt sind, zu erkennen. Delikte dieser Art sind Durchbrüche durch eine Gehemmtheit, die durch eine unzureichende Befriedigung der natürlichen Bedürfnisse in der Kindheit entstehen.

Als sehr aggressiv und mit einer Neigung zu explosionsartigem Jähzorn und Angriffsdurchbrüchen erweisen sich auch die

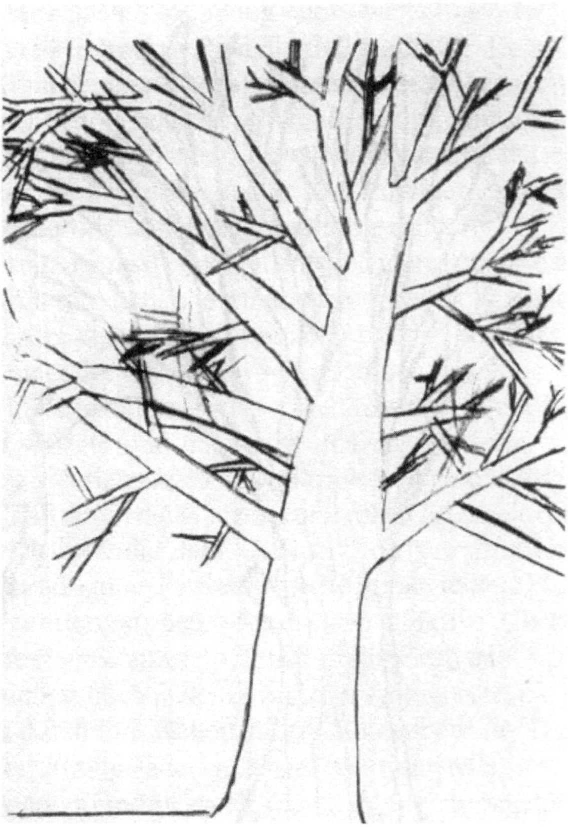

Abb. 15

Jugendlichen, deren Äste röhrenartig offen stehen. Der Zeichner des Baumes der Abb. 15 hatte im Affekt immer wieder die Menschen seiner Umgebung angegriffen und mit Faustschlägen traktiert.

Seine Vorgeschichte zeigte, dass durch die Gängelei und rohe Unterdrückung zweier älterer Brüder, die dem „Kleinen“ oft gewalttätig zusetzten, eine Erniedrigung der Reizschwelle für aggressive Handlungen hervorgerufen worden war, die Über-

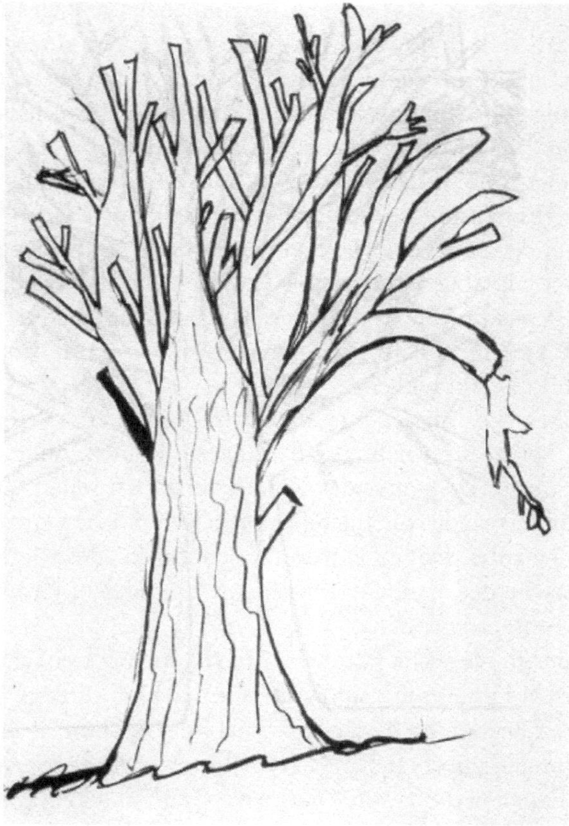

Abb. 16

spannung und explosionsartige Entladungen begünstigten. Sie zeigt sich im Baumtest eben in der Form jener Röhrenäste, die gewissermaßen durch ihre Kanonenform eine unbewusste Demonstration der affektgeladenen Angriffswut darstellen. Der Jugendliche ist – bei einer kraftvollen Vitalität – nicht in der Lage, sich hinreichend abzugrenzen. Zwar wurde er in einer intakten Familie zur Entfaltung seiner seelischen und geistigen Kräfte gebracht, aber es ist nicht gelungen, seine Aggressivität so zu integrieren, dass sie dem Jugendlichen dienlich ist. Seine Angriffsbereitschaft verdirbt ihm durchgängig einen friedlichen Kontakt mit seiner Umwelt. Der destruktive Aspekt des Ordnungstyps dominiert pubertätsbedingt. Herrschsüchtiges Gebaren beschwört Probleme mit der Umwelt herauf.

Besonders eindrucksvoll kommt die Verstümmelung des gesunden Expansions- und Entfaltungswillens in jenen Baumzeichnungen zum Ausdruck, in denen die Jugendlichen sämtliche Äste als abgeschnitten oder abgebrochen darstellen, wie zum Beispiel in Abb. 16. Ja, dieser Jugendliche zeichnet – ohne alles Wissen um solche Zusammenhänge – sogar einen Ast im Zustand des Abbrechens.

Das Schicksal dieses Jungen war in der Tat ein einziger Abbruch. Seine Eltern lebten jahrelang zusammen, ohne verheiratet zu sein. Der Vater des Kindes versprach seiner „Verlobten" immer wieder die Ehe, ohne sein Versprechen einzulösen. Beider Unzufriedenheit wurde auf dem Buckel des Kindes, dieser Ursache des als nicht glücklich empfundenen Zusammenlebens, ausgetragen.

Als der Junge sechs Jahre alt war, zog die Mutter schließlich enttäuscht mit ihm fort und ging eine neue Liaison ein. Der Ersatzvater begann bald, das Kind mit viel Geschimpfe und Diffamierungen zu „erziehen". Die Mutter hatte den Eindruck, vom „Regen in die Traufe" geraten zu sein, und kehrte schließlich reumütig zu dem Vater des Jungen zurück, der nun mit vermehrter Anstrengung versuchte, seine Erziehungskünste an seinem Sohn durch fortgesetztes Gängeln zu erweisen. Die Folge war ein totaler Leistungsblock des Jungen. Er versagte trotz durchschnittlicher Intelligenz in der Hauptschule, verließ sie ohne Abschluss und blieb danach untätig zu Hause hängen. Auf die Frage, wie er sein Leben gestalten möchte, antwortet er zunächst mit Achselzucken, dann sagt er: „Am liebsten möchte ich in einer einsamen Hütte in Australien oder Neuseeland leben."

Straffällig wurde er dadurch, dass er eines Tages „zufällig" in einer stillen Straße ein Moped „fand" und es mitgehen ließ. Die behinderte Expansion suchte unbewusst durchbrechend nach einer Möglichkeit ihrer Verwirklichung. In ein Ordnungskorsett geschnürt, hatte sich die Aggressivität des Jugendlichen gestaut und so seine eigentliche gute Leistungsmöglichkeit behindert.

Oft malen Ordnungstypen ähnlich abgeschnittene Äste wie dieser Jugendliche, und wenn sie zu Ausbrüchen von Jähzorn neigen, sind sie mit Röhrenästen durchmischt (wie auf der Zeichnung des gewalttätigen Jugendlichen, siehe Abb. 15).

c) Der Darstellungsbaum

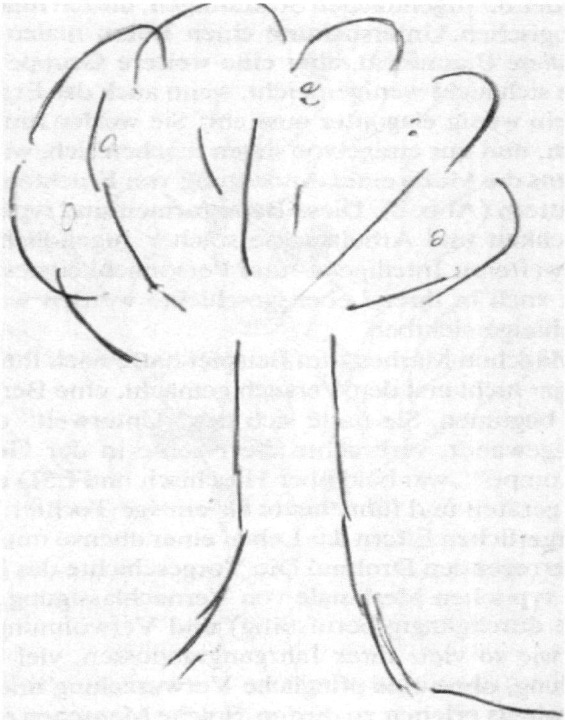

Abb. 17

Abb. 18

Flüchtigkeit, im besten Fall in einer ästhetischen Form, ist das typische Merkmal des Darstellungstyps. Äste und Früchte sind meist nur angedeutet, und oft ist die Baumgestalt mit einer Haut überzogen, die aber selten voll geschlossen ist. Leichtlebigkeit und Neigung zu Schnellfertigkeit kommen so zum Ausdruck (Abb. 17).

Die Baumzeichnung (Abb. 17) fertigte ein jugendliches Mädchen an. Jungmänner mit einer Dominanz im Darstellungstyp zeigen heute dagegen nicht selten geradezu eine chaotische Strichführung, wie sie Abb. 18 aufweist. Dieser Jugendliche hat es bisher weder geschafft, sich einzugrenzen noch eine innere Struktur entwickelt. In maßloser Egozentrizität ist er mit hoher Bugwelle darauf bedacht, sich mit aller Macht in den Mittelpunkt zu stellen, um so seine unzureichende Ausgestaltung zu verdecken.

d) Der Einsiedlerbaum

Der Baum dieses sechzehnjährigen Schülers (Abb. 19) verrät eine künstlerische Begabung und eine außerordentlich große Sensibilität, die in der weit verzweigten Verästelung zum Ausdruck kommt. Diese Feinsinnigkeit ist es, die dem Einsiedlertyp den Zugriff auf die Welt erschwert und den Rückzug aus ihr bewirkt. Der schiefe, weit aus der Mitte nach links gerückte Stamm mit seinen Verletzungen und alten Narben lässt erkennen, wie sehr dieser Jugendliche bereits als Kind ihn zurückstutzende Frustration erfahren hat. Auch die mehrfach beschnittene Baumkrone lässt das deutlich werden.

Die Beschneidung aller vier Hauptäste hat bizarre Astformen hervorgerufen, das heißt, die Seele hat immer neue Ansätze und Richtungsänderungen vornehmen müssen, damit ihre Wachstumsmöglichkeiten erhalten blieben. Dabei ist die Gefühlsseite (links) sehr viel mehr der Einschränkung zum Opfer gefallen, während sich die rechte Seite (die der Verstandeskräfte) kompensatorisch dazu vielfältig entwickelte. Die Struktur des künftigen Gelehrten zeichnet sich in dem Baum dieses bereits extrem einsiedlerisch lebenden Gymnasiasten deutlich ab.

Allerdings gelingt die Reichhaltigkeit der Ausgestaltung keineswegs jedem Einsiedlertyp. Es kann auch die Verarmung, ja die Entleerung, die durch die Kontaktscheu entsteht, dominieren. Die Zeichnung des siebzehnjährigen Jugendlichen

Abb. 19

Abb. 20

(Abb. 20) zeigt mit Lötstamm und Strichästen noch eine erhebliche Infantilität, einen seelischen Entwicklungsrückstand. Und doch versucht er sein Defizit durch eine originelle Ausgestaltung zu kompensieren: Tiere bevölkern den Baum, die von einem Mann auf einer – an einem Ast flüchtig angebrachten – Schaukel beobachtet werden.

Das kennzeichnet eine nicht ungewöhnliche Kompensationsform des Einsiedlertyps: Liebe zur Tier- und Pflanzenwelt bildet den Versuch, die nicht gelungene Bezugnahme zur menschlichen Umwelt auszugleichen. Zu Füßen der Menschengestalt auf der Schaukel ist deshalb ein (vermutlich gezähmter) Vogel platziert. Nicht sehr wirklichkeitsbezogen hat dieser Jugendliche sich mit einer naturnahen Geistigkeit verschwistert. Dass eine solche „Lebensschaukel" bei aller Möglichkeit zu genüsslicher Autarkie gleichzeitig (weil unzureichend aufgehängt) die Möglichkeit zum Absturz in sich birgt, kommt so in bemerkenswerter Eindringlichkeit zum Ausdruck.

e) Der ausgewogene Baum

Es bedarf gewiss nicht einer nachdrücklichen Erwähnung, dass es so viele unterschiedliche Baumzeichnungen gibt wie unterschiedliche Individuen. Keiner gleicht dem anderen – gewiss selbst unter Milliarden Menschen nicht. Und doch sind trotz der unauslotbaren Verschiedenheit durch den Baumtest Schlüsse möglich sowohl über typische Ausformungen wie spezifische individuelle Besonderheiten beim Entfaltungsvorgang und der Ausgestaltung von Seele und Geist.

Die Baumzeichnung kann zur Mahnung an die Erzieher werden und ihre große Verantwortung ins Bewusstsein rufen, denn in ihre Hand ist es gelegt, ob es gelingt, dass das ihnen anvertraute Kind ohne schwere Verletzungen, Verstümmelungen oder ausgreifende Wucherungen eine reiche, ausgeglichene Ausgestaltung von Seele und Geist erfährt.

Abb. 21

Anhand der ausgewogenen Baumgestalt einer dreißigjährigen Frau (Abb. 21) soll das abschließend sichtbar gemacht werden.

Diese Baumzeichnung imponiert durch ihre ausgeglichene Harmonie. Sie ist durchgestaltet – wie die Seele der Zeichnerin. Zwar dominiert der Ordnungstyp, was in der Symmetrie der äußeren Hauptansätze und einem Hang zur Normierung und Perfektion zum Ausdruck kommt, aber die drei anderen Funktionen sind ebenso entfaltet. Die Zeichnerin hat die Fähigkeit, unabhängig zu sein und sich einzusetzen: Das ist daran erkennbar, dass die Baumgestalt den ihr zur Verfügung stehenden Raum einnimmt und unverklemmt in sensibler Zweigführung nach oben strebt. Es sind keine Übersteigerungen erkennbar, allenfalls eine kultivierte Disziplinierung, die aber keine Abschnürungen zur Folge gehabt hat. Einwurzelung und die Ebenmäßigkeit des Stammes machen sichtbar, dass dieser junge Mensch uneingeschränkt zu einer ästhetischen und sensiblen Ausgestaltung seiner Persönlichkeit hat kommen können.

10. Welches Kind passt zu wem nach der Scheidung der Eltern?

a) Der Scheidungsboom

Immer häufiger wird der Psychotherapeut heute mit Fragen konfrontiert, die sich durch die Scheidung von Paaren mit gemeinsamen Kindern ergeben. In Deutschland werden pro Jahr an die zweihunderttausend Ehen geschieden, mit ca. hundertsechzigtausend jährlich neu daraus hervorgehenden Scheidungswaisen.

Was ist für das Kind angemessen – besser bei der Mutter oder beim Vater zu leben? Wie lässt sich der Verlust des Nestes für die noch nicht flüggen Vögel so gestalten, dass am ehesten Beeinträchtigungen und chronische seelische Verletzungen vermieden werden?

Das sind schwerwiegende Fragen, die leider außerordentlich häufig nicht optimal gelöst werden können. Umso wichtiger ist es, dass sie gestellt werden, statt dass für die Kinder aus opportunistischen, egoistischen oder pekuniären Motiven über ihre Köpfe hinweg Entscheidungen getroffen werden. Oft entbrennt nach der Trennung leider ein erbitterter Machtkampf der Eltern um die Kinder, wobei deren Wohlergehen und Interessen sich dann im Hintergrund verlieren.

Schrecklicherweise geht es dabei außer ums Geld nicht selten darum, sich über die Kinder am Expartner zu rächen beziehungsweise die Auseinandersetzung mit ihm mit Hilfe der Besuchsregelungen fortzuführen. In den selteneren Fällen gelingt es, ohne Einschaltung der Behörden zu harmonischen einvernehmlichen Regelungen zu kommen, die den Kindern angemessen sind. Im Allgemeinen versucht jeder der sich trennenden Eltern sein Recht mit Hilfe von Rechtsanwälten und Familiengerichten durchzusetzen, was nicht selten schwere Zerreißproben der Kinder zur Folge hat.

Dabei sollte doch die Frage Priorität haben: Welche Unterbringung ist für welches Kind das Beste? Um bei einer solchen Konfliktlage bei einer Orientierung behilflich zu sein, soll im Kontext dieser Schrift der Frage nachgegangen werden: Welches Kind passt zu wem nach der Scheidung der Eltern?

b) Familiengerichtliche Entscheidungen

Die neuen gesetzlichen Regelungen, die die Eltern zu einem gemeinsamen Sorgerecht für die Kinder verpflichten, sind kaum ausreichend, den Bedürfnissen der Kinder gerecht zu werden. Die sich daraus ergebende Verstärkung der Rechte beider Eltern, die Festlegung einer gesetzlich vorgenommenen Besuchsregelung, um die erzieherische Mitverantwortung beider Eltern nach der Trennung zu gewährleisten, ist zwar eine gut gedachte Veränderung, die aber nicht selten die Schicksalsschwere für die Scheidungswaisen erhöht und zu massiven Verhaltensstörungen führt.

Oft werden die Kinder immer wieder genötigt, Partei für den einen der Eltern gegen den anderen zu ergreifen, was – als Folge davon – zu Konflikten und Schuldgefühlen bei den Kindern führt.

Wie wichtig wäre es, in solchen Situationen den Versuch zu machen, den Kindern möglichst optimal gerecht zu werden, statt sie wie Figuren auf dem Schachbrett zu verschieben, denn es kann in solchen Fällen keine vorgefertigten Lösungen geben. Stur seine Rechte als Vater oder als Mutter einzufordern ist meistens ein Kampf, der auf Kosten der Kinder geht. Wenn es auf diesem Gebiet auch keine allgemein geltenden Empfehlungen geben kann, so soll doch versucht werden, einiges an Vorschlägen darzulegen, die sich in der Praxis eher bewährt haben als andere.

c) Lösungsversuche

Wer von den Kindern passt bei der Trennung der Eltern also am ehesten zu wem? Nicht ohne allergrößte Not sollte man Kinder im Vorschulalter von der Mutter trennen. Der Vater kann zumindest im Säuglingsalter die Mutter nicht ersetzen. Von dem Fehlen der biologischen Funktion des Stillens abgesehen, haben neue Forschungsergebnisse nachgewiesen, dass der Ammenrapport des Vaters nicht so reagibel ist wie der der Mutter. Generell ist auch seine psychische „Hellhörigkeit" nicht so fein ausgeprägt wie bei ihr.

Abgesehen davon braucht das Kind in den ersten drei Lebensjahren die konstante Präsenz der Mutter. Wenn es auch in Deutschland möglich ist, dass Väter die Erziehungszeit in Anspruch nehmen, so lässt sich das meist doch nicht ohne die Gefahr eines Arbeitsplatzverlustes durchführen, und es ist selbst dann für ein Kleinkind nicht optimal. Seelisch gesunde Mütter sind meist geduldiger und langmütiger als Männer. Sie sind für die Mutteraufgabe durch die viel größere Häufigkeit von Hingabetyp-Eigenschaften besser für diese Aufgabe geeignet, ja, ihnen ist sie gewissermaßen von Natur aus auf den Leib geschrieben. Das sollte man nicht ohne Not willkürlich abändern.

Es ist im frühen Alter des Kindes deshalb nicht angebracht, es zu Wochenend- oder gar Urlaubsaufenthalten nur beim Vater zu belassen. Kurze Besuche des Vaters im häuslichen Milieu des Kindes sind in dieser Anfangsphase angemessen. Erst recht nicht lässt es sich vertreten, das Aufenthaltsrecht des Kleinkindes beim Vater zu erzwingen, mit der Begründung, dass eine weibliche Person im Haushalt des Vaters zur ganztägigen Betreuung des Kindes vorhanden wäre. Das Kleinkind empfindet eine Abtrennung von der Mutter als Frustration.

Wird es dann nach kurzen Besuchen beim Vater wieder nach Hause gebracht, pflegt das Kind mit gekränkter Abweisung zu reagieren: Es reagiert gekränkt darüber, dass die Mutter es „verlassen hat“.

Wird das in den ersten Lebensjahren des Kindes zur Regel gemacht, so ist die Gefahr groß, dass sich Verlustängste chronisch einprägen und schließlich sogar schwere Neurosen entstehen.

Bei älteren Kindern im Schulalter besteht ein größerer Spielraum an Möglichkeiten. Sie ergeben sich vor allem dadurch, dass man dem älteren Kind verständlich machen kann, warum es nicht mit seinen beiden Eltern zusammenlebt, warum es diese Besuche gibt beziehungsweise warum es nicht möglich ist, seinen Vater beziehungsweise seine Mutter zu besuchen. Die (meist vorübergehende) Stornierung des Besuchsrechts ist schließlich in allen jenen Fällen geboten, in denen sich einer der Eltern als nicht fähig erwiesen hat, eine verantwortungsbewusste Beaufsichtigung des Kindes zu leisten.

Das ist zum Beispiel dann der Fall, wenn Vater oder Mutter sich als alkoholkrank oder als rauschgiftsüchtig erwiesen haben. Das ist ja besonders häufig bei Menschen vom Hingabetyp gegeben. Die so Erkrankten bedürfen unaufschiebbar einer Therapie in einer Spezialklinik. Deshalb ist dann die Aussetzung des Besuchsrechts unumgänglich – so lange, bis sich erwiesen hat, dass sie „clean“ sind.

Für Kinder ist eine solche Regelung häufig keineswegs so einfach einsehbar. Suchtkranke sind gleichzeitig oft von besonders warmherziger Zuneigung zu ihren Kindern. Manchmal haben sie sich in der Kleinkinderzeit ihrer Sprößlinge intensiv eingesetzt. Gelegentlich ist der Weg in die Sucht sogar dadurch mitbedingt, dass ein Partner vom Ordnungstyp mit rigiden Methoden den Partner vom Hingabetyp unter seine Macht zu zwingen suchte.

In solchen Fällen stehen die Kinder meist auf der Seite jenes Elternteils, der nun durch seine Sucht ausfällt; denn nicht jeder

Alkoholiker verursacht schließlich häuslichen Terror, wenn er betrunken ist. Dann ist es für die Heranwachsenden jenseits der Kleinkinderzeit extrem schwer, nun die Verbindung zum bevorzugten Elternteil zu verlieren und bei dem bleiben zu müssen, zu dem eine geringere Zuneigung besteht. Deshalb ist es von größtem Wert, eine Stornierung des Besuchsrechts nicht langfristig anzusetzen, sondern – falls die Therapie gelingt – danach eine Änderung vorzunehmen, sodass die Kinder bei dem Elternteil wohnen dürfen, dem sie den Vorzug geben.

Wenn das – aus welchen Gründen auch immer – nicht möglich ist, sollte man die Besuchsregelung jedenfalls so gestalten, dass der geliebte Elternteil, von dem das Kind abgetrennt wurde, mit ihm wenigstens einige Stunden lang allein zusammensein kann.

Von größtem Wert ist es, dass die geschiedenen Eltern sich darum bemühen, keine Parteilichkeiten für sie selbst bei ihren Kindern anzustreben. Es ist für die gesunde seelische Entfaltung der Kinder im höchsten Maße schädlich, wenn sich die Eltern bei ihnen gegenseitig anschwärzen und den anderen in ein übles Licht zu stellen suchen. Kinder brauchen Mutter *und* Vater als Identifikationsfiguren, und das ist nur möglich, wenn sie ihnen beide als positive Vorbilder erscheinen.

Der Hingabetyp unter den Erwachsenen ist hier besonders anfällig, weil er selbst das stärkste Bedürfnis nach emotionaler Nähe mit dem Angehörigen hat. Wird ihm diese Zuwendung nicht gewährt, weil das Kind beim Expartner zu wohnen hat, so neigt er zu Ungerechtigkeiten. Ist einer der Eltern ein Darstellungstyp, so kann es ihm passieren – wenn ihm Anerkennung und Bewunderung durch das Kind versagt wird –, dass er negative Geschichten über den Expartner erfindet beziehungsweise sie negativ aufzubauschen sucht, um das Kind auf seine Seite zu ziehen.

Ordnungstypen können die Nachscheidungsphase dadurch unerträglich machen, dass sie mit brutaler Beharrlichkeit mit gerichtlichen Interventionen ihr „Recht“ durchzusetzen suchen, wobei sie sich meist rigoros über die Belange und die Befindlichkeit des Kindes hinwegsetzen. Allein die Einsiedlertypen provozieren weniger Hindernisse: Sie verzichten nicht selten auf ihre Rechte – vernachlässigen dafür dann aber auch oft ihre Pflichten: nicht nur bei Schwierigkeiten mit den Kindern, sondern auch in Bezug auf ihre pekuniären Verpflichtungen. Sich diesen zu entziehen, hat der Einsiedler- besonders auch mit dem Darstellungstyp gemein. Diese beiden Typen gehen mit den Zahlungen nicht selten lässig um. Wenn hingegen der Ordnungstyp nicht zahlt, geschieht das eher, weil er eine Veränderung zu seinen Gunsten zu erzwingen sucht.

Spätestens in der Pubertät bilden sich aber nun auch bei den Kindern verschiedene Charaktertypen aus. In diesem Alter gilt es, über all die eben beschriebenen Schwierigkeiten in Scheidungssituationen hinaus zu erfragen, welches Kind denn eigentlich am ehesten zu welcher elterlichen Struktur passt. Im Allgemeinen sollte man in diesem ohnehin schwierigen Lebensalter der Kinder eine eher ähnliche Konstellation bevorzugen. Und wenn dem nicht gewichtige Argumente entgegenstehen, dann ist hier Wohngemeinschaft mit den Kindern vom gleichen Geschlecht am wenigsten konfliktreich. Vater und Sohn vom Einsiedlertyp haben wenig Schwierigkeiten miteinander; sie lassen sich gegenseitig die Freiräume, die sie brauchen, nehmen das Nebensächliche nicht allzu wichtig und helfen sich doch aus einer allzu intensiven Einigelung.

Väter und Söhne vom Ordnungstyp müssen allerdings ihre Herrschgelüste zurücknehmen, und zwar alle beide! Häufig gerät heute eher der Vater in eine Unterlegenheit, was dann allerdings Aggressionsdurchbrüche bei ihm begünstigt.

Vater- und Sohngemeinschaften vom Darstellungstyp und vom Hingabetyp gibt es kaum. Die Ersteren halten über längere Zeit einfach nicht zusammen, und dass ein Vater und ein Sohn beide Hingabetypen wären, ist eine Rarität.

Umso häufiger – und dann meist in gutem Einvernehmen – ist das bei Müttern mit Töchtern vom Hingabetyp der Fall. Sie mögen aufeinander eingehen, und ihre Gemeinschaft ist allenfalls durch Eifersucht auf weitere Personen in der Gemeinschaft störbar. Mütter und Töchter vom Ordnungstyp sind weniger verträglich miteinander. Jeder hat sein eigenes Ordnungssystem, das oft hartnäckig verteidigt wird. Kleinlichkeit und Pedanterie können die Harmonie stören, weil sie unbewusste Strategien zur Beherrschung des anderen enthalten.

Bei dieser Konstellation gibt es weniger Einsiedlertypen, und die Darstellungstypen stehen sich bald so sehr im Weg, dass sie so bald wie möglich auseinander gehen.

Die Situation nach der Scheidung der Eltern einigermaßen konfliktarm zu gestalten wird aber – bei aller Beachtung der unterschiedlichen Charakterstrukturen – noch enorm dadurch erschwert, dass es in verhältnismäßig seltenen Fällen zu idealen Gemeinschaften kommt, wie sie eben angedeutet wurden. Sind mehrere Kinder vorhanden, müssen sie oft verteilt werden. Zwar wird es meist angestrebt, dass alle Geschwister zusammen bei Vater oder Mutter wohnen, aber – abgesehen von nicht revidierbarer Erziehungsunfähigkeit eines von ihnen – ist das unbesehen nicht die beste Lösung. Ab der Vorpubertät ist es häufig – wie gesagt – mehr förderlich, wenn die Jungen beim Vater und die Mädchen bei der Mutter wohnen.

Pubertät heißt Ablösungszeit, und am existenziell zwingendsten ist es, dass sich die kleinen Männer von ihren Müttern losmachen. Heute führt das gelegentlich zu mächtigen Widerständen der Buben gegen die Mütter – schon ganz und gar, wenn diese Hingabetypen sind. (Und das ist auch heute immer noch am häufigsten.) Manche alleinerziehende Mütter sind dem nicht gewachsen. Selbst wenn der Vater sich wieder verheiratet hat, ist der Aufenthalt in der Vaterfamilie in diesem Fall die bessere Lösung, denn Ablösung von der erst neuen Stiefmutter ist schließlich nicht nötig.

Abgesehen von dieser gelegentlich positiven Lösungsmöglichkeit bilden im Leben von Scheidungswaisen die neuen Stiefväter und Stiefmütter eine viel zu wenig bedachte Komplikation im Leben der Heranwachsenden; denn die meisten der geschiedenen Eltern gehen ja neue Verbindungen ein. Nur oberflächlich pflegen die kleinen Söhne im Grundschulalter aber den „Lover“ der Mutter zu tolerieren. Im Grunde bedeutet es für die meisten eine Irritation: Nun haben sie sich für den Aufenthalt bei der Mutter entschieden – oft weil sie auf eine ungetrübte Zweisamkeit ohne den Störfaktor Vater hofften –, und dann taucht eine Person auf, die die Mutter mehr denn je zuvor in Anspruch nimmt!

Bei den Töchtern ist es im umgekehrten Fall nicht anders. Die neue Frau des Vaters wird selbst dann von der Tochter als eine durch ihn verursachte persönliche Kränkung erlebt, wenn sie sich nur besuchsweise beim Vater aufhält. Je mehr die Mädchen unter den Scheidungswaisen einen Hingabetyp entfaltet haben, desto mehr reagieren sie mit Eifersucht auf den Eindringling. Je mehr die Jungen einen Darstellungstyp entwickelt haben, umso wütender reagieren sie auf den Partner der Mutter und umso eher tolerieren sie die neue Partnerin des Vaters.

Die Einsiedler unter den Scheidungswaisen pflegen sich heute hinter ihren Computern zu verschanzen und sich so gegen die Konflikte abzuschirmen; die Darstellungstypen dagegen brechen aus, spätestens wenn sie mündig geworden sind. Das sind dann die, die irgendwelche Formalitäten, Glückwünsche oder Auseinandersetzungen an ihrem achtzehnten Geburtstag gar nicht erst abwarten. In solchen Fällen finden die Erziehungsberechtigten im besten Fall eine Karte an die Vase im Wohnzimmer angelehnt, mit der lakonischen Aufschrift: „Wohne ab heute gemeinsam mit Peter (beziehungsweise mit Jessica) im Apartment 37, Parkstraße 25; Kontonummer: Sparkasse 2263.“

Aber wenn es auch sinnvoll sein mag, nach einer Scheidung darüber nachzudenken, wer von den Kindern am ehesten zu welchem Elternteil passt, so bleibt die Situation danach doch ein Abenteuer mit vielen Gefahren für die seelische Entwicklung der Kinder und das Glück der Eltern – mit ungewissem

Ausgang. Lebenslänglich, so hat die Großuntersuchung von Vance Packard für die USA bestätigt, bleiben in ihren Seelen Beeinträchtigungen erhalten. Ohne Not sollten Familien mit Kindern diesen Weg nicht einschlagen. Die Konzentration der Kräfte, die so notwendig für den Aufbau der Zukunft gebraucht wird, zersplittert sich durch die vielen außer- und innerseelischen Kämpfe – nicht nur bei den Kindern, sondern bei allen, die in den Sog solcher Konstellationen geraten sind …

11. Seelisch kranke Typen

Während es dem Typ mit einer annähernd ausgewogenen Charakterstruktur möglich ist, durch Selbsterziehung oder mit Hilfe von Ergänzungen durch nahe Personen in seiner Umgebung nachzureifen, gelingt das bei extrem negativen Entwicklungen seltener. Die Maske füllt dann schließlich die gesamte Person aus. Eine erstarrende Einseitigkeit bildet sich aus.

Von der Beobachtung beeinträchtigter Menschen, die in dieser Weise ein seelisch krankes Verhalten an den Tag legen, ist die Schultz-Hencke-Schule mit den Bezeichnungen ihrer vier Kernneurosen ausgegangen. Die schizoide, depressive, zwangsneurotische und hysterische Neurose, so hatten die Psychotherapeuten dort in Weiterentwicklung von Freuds Ansatz entdeckt, entwickeln eine „Lücke in ihrem Erleben“, und zwar, weil sie in den ersten Phasen ihrer Kindheit bei ihren Versuchen, lebenswichtige Antriebe zu tätigen, so geängstigt wurden, dass sie entsprechende Strebungen unterließen. Dadurch entwickelten sie auf diesem Sektor nun freilich ein ganzes Gebäude von Abwehrmechanismen, um ihre Seele vor neuen Ängstigungen zu schützen.

Die sich daraus entwickelnden Lebensschwierigkeiten sind von Werner Schwidder, Annemarie Dührssen und Fritz Riemann in immer noch aktuellen Ausführungen dargelegt worden. Sie sollen in einem letzten Kapitel hier zwar nicht wiederholt, aber doch – soweit es sich um eine starre Zerrform der bisher geschilderten Typen handelt – gestreift werden.

Ich bin bei meinem Aufbau dieser Schrift in sehr gezielter Absicht nicht vom Erscheinungsbild der seelischen Erkrankungen ausgegangen, weil bei den normalen Charaktertypen nicht automatisch eine Neurose zu Grunde liegt, sondern auch von einem genetisch oder hormonell bedingten Anteil bei den typischen Ausprägungen ausgegangen werden darf. Jedenfalls wäre es sonst wenig erklärbar, warum der Ordnungs- und der Einsiedlertyp so viel häufiger bei Männern, der Hingabe- und der Darstellungstyp so viel häufiger bei Frauen in Erscheinung tritt.

Dennoch bedarf die Beziehung der vier Neurosenformen zum Antriebsgeschehen der frühen Kindheit der Erwähnung, zumal dem pathologischen Verhalten von den Betroffenen und ihrer Umwelt besser begegnet werden kann, wenn es als Ausdrucksweise alter Ängste erkannt und so besser verstanden werden kann.

In der Antriebslehre wird mit der Theorie gearbeitet, dass Fehlverhaltensweisen auf der Hemmung eines Antriebs beruhen. Es gibt nach dieser Lehre eine ganze Reihe solcher Antriebe, die sich in den ersten Lebensjahren des Menschen entfalten, so die Antriebe a) Nahrung und Besitz zu ergreifen, b) sich neugierig zu verhalten und sich zu interessieren, c) der aggressive Antrieb (Besitz auch festzuhalten) und d) der sexuelle Antrieb, um nur die wichtigsten zu nennen. Diese Antriebe sind – der Theorie nach – notwendig für die Befriedigung von Bedürfnissen, die zunächst der Selbsterhaltung, später dann der Arterhaltung dienen. Die Möglichkeit zur Erfüllung dieser Bedürfnisse wächst dem Menschen auf seinem Lebensweg durch Reifung, das heißt durch Vervollkommnung einer Funktion auf dem Weg der Selbstentfaltung, und durch Lernen, das heißt durch Funktionsvervollkommnung mit Hilfe von Funktionsbetätigung, also durch Wiederholen und Üben zu.

Bei der Analyse dieser Vorgänge befleißigt sich die Antriebslehre betont einer subjektiv-psychologischen Betrachtungsweise. Sie spricht davon, dass das Üben, Wiederholen und Befriedigen jenes Antriebs, der im Begriff steht, sich zu entfalten, mit positiven, lustvollen Gefühlstönungen gekoppelt ist, durch die die Entwicklungsvorgänge beschleunigt, verstärkt, ja möglicherweise erst gewährleistet werden. Diese gefühlsmäßige Beteiligung einerseits und der erhebliche Antriebsüberschuss andererseits pflegen, der Theorie nach, das Erreichen der jeweils notwendigen Reifungsvorgänge zu garantieren – es sei denn, dass durch lang dauernde Behinderungen verschiedenster Form Antriebshemmungen hervorgerufen werden.

Sie entstehen dadurch, dass das Kind über lange Zeit hinweg immer wieder außerordentlich unangenehme Erfahrungen macht, wenn es versucht diesen Antrieb zu tätigen. Das führt zu negativen Gefühlsassoziationen und dadurch zur Verdrängung der Antriebsimpulse. Die Entstehung von Gehemmtheiten beruht also wie jede Dressur auf Lernakten mit Hilfe bedingter Reflexe. Diese Antriebshemmungen führen nun zu ganz bestimmten Verhaltensweisen der also geschädigten Kinder.

Im Allgemeinen gelingt aber die Drosselung allerdings nicht vollständig, und es bleiben Reste des Antriebs erhalten. Er tritt in Fehlverhaltensweisen des beeinträchtigten Menschen wieder zu Tage: Der Mangel an Befriedigung des entsprechenden Antriebs führt zu einer Funktionsschwäche, zu einem jeweils verschiedenen Unvermögen und dadurch zu Reaktionsbildungen und Überkompensationen einerseits und zu einer Fixierung an diese frühe Entwicklungsstufe, das heißt in eine Gestimmtheit chronisch gesteigerter, unbefriedigter Bedürfnisspannung andererseits. Die erhöhte Spannung des behinderten Antriebs beschwört zudem die Gefahr inadäquater Durchbrüche durch die Gehemmtheit herauf. Diese dumpfen Selbstheilungsversuche per Durchbruch erreichen aber selten ihr Ziel. Das Unangepasste der Handlung verhindert den Erfolg und damit die Befriedigung. Die Spannung bleibt erhalten und fördert suchtartiges Suchen und inadäquates Tätigen des Antriebs. Nur in sehr negativen Entwicklungen werden solche Bemühungen gänzlich eingestellt.

Äußere Einflüsse, die lebensnotwendige Antriebe anfänglich drosseln, können den Lebensaufbau eines Menschen also tief greifend beeinträchtigen – dergestalt, dass die steuernden Verstandeskräfte später nicht in zureichendem Maße das Verhalten und die Handlungen dieser Menschen bestimmen, sondern dass die neurotisch Erkrankten in einer tragischen Weise auch als Erwachsene einerseits erstarren und andererseits unter der schicksalshaften Diktatur überschießender oder fehlgesteuerter, weil an der Wurzel unbefriedigter Antriebe stehen bleiben.

Die Hemmung und Verdrängung verschiedener Antriebsbereiche führt also zu der Entwicklung bestimmter Fehlverhaltensweisen. Sie dominieren im Charakter solcher Menschen und bestimmen weit gehend ihr Lebensschicksal. Nach der Theorie dieser so genannten Antriebslehre bauen sich auf vier verschiedenen Antriebsstörungen vier verschiedene Charakterstufen auf.

a) Hingabetyp: Depression

Die Verdrängung des so genannten *oral-kaptativen* Antriebsgeschehens bewirkt die Entstehung der neurotischen Depression. Diese Störung hat ihre Ursache in der Säuglings- und Kleinkinderzeit, und zwar dadurch, dass der Säugling unter Angst seine Impulse zum oralen Zugreifen verdrängt. Das Kind mag infolgedessen auch in Zukunft nicht mehr zugreifen und zupacken, wo es nötig wäre. Es wird passiver, resigniert leichter, verzichtet in Situationen, wo es nötig wäre, sich durchzusetzen.

Die neurotische Depression ist der Endzustand eines solchen Unvermögens zum Zugreifen. Freilich pflegt die Hemmung im Allgemeinen so total nicht zu sein. Die gedrosselten Impulse setzen sich häufig teilweise dennoch durch. Sie zeigen sich im Lebensschicksal neurotisch Depressiver als gierige Unersättlichkeit, ja gelegentlich sogar als Durchbruch zum Diebstahl. Menschen mit solchen Störungen sind also einerseits überbescheiden und andererseits anspruchsvoll in individuell verschiedener Ausprägung. Die Entwicklung zu solch einer Charakterstruktur zeigt sich schon in der Kindheit. Meist haben bereits die Kinder neurotische Symptome.

Beim Endzustand des neurotisch Depressiven ist vom normalen Hingabetyp mit einer sich verströmenden Schenk-, Hilfs- und Hingabebereitschaft nur noch wenig zu entdecken. Bei ihm dominiert eine erschreckende Inaktivität, die geradezu den Charakter einer Lähmung hat. Je länger ein Mensch in diesem Zustand einer kompletten Resignation verharrt, umso mehr beschleunigt sich die Depression. Inaktivität fördert generell die Unzufriedenheit des Menschen. Beruht sie auf einer Hemmung des oralen Antriebs, so führt sie leicht geradezu in eine Aktivitätsatrophie. In der Praxis beschreiben das die Betroffenen: „Ich fühle mich wie ein Stein am Meeresgrund." – „Mir ist, als hätte ich Blei im Gefieder."

Meistens findet ein Rückzug aus den bisherigen Betätigungsweisen statt, Schule und Ausbildung werden abgebrochen, Arbeitsplätze gehen verloren. Riesengroß taucht die Gefahr auf, dies anderweitig zu kompensieren: Stimulation oder Betäubung durch Nikotin, Heroin, Alkohol oder stimulierende beziehungsweise sedierende Medikamente. Die orale Depression ist für Stimulanzien und Sedativa, die dann häufig maßlos vereinnahmt werden, ganz besonders anfällig. Der oral Depressive ist daher potenziell suchtanfällig und suizidgefährdet.

Von einem Zusammenpassen mit irgendwem kann in einem solchen Endzustand kaum noch die Rede sein. Zwar verstummt der depressive Neurotiker nicht (wie zum Beispiel Patienten mit reaktiver oder endogener Depression), aber er schmollt und klagt stattdessen, wobei dieses Timbre unverhohlen eine verdeckt aggressive Anklage enthält. Welcher Art die nahen Menschen auch sein mögen: Nach kurzer Zeit wird die (dumpf berechtigte) Ahnung, dass jemand an ihrem Elend schuld sein müsse, auf die gegenwärtige Person projiziert und macht dieser dann das Leben zur Hölle; denn selten fehlt es an einer Kette von Anwürfen über Unzureichendes – welcher Art auch immer; gleich dem einstigen schreienden Kind im Kinderwagen, aber nun doch in einer sehr viel unangenehmeren, dem anderen gänzlich unverständlichen Weise.

Oft ist auch das Essverhalten extrem gestört: Die unzureichend gebliebene Absättigung im Säuglingsalter kommt als pathologisches Fressen zum Ausdruck, das häufig zur Adipositas entartet, oder es kommt zu Fressanfällen mit darauf folgenden Brechattacken (Bulimie), mit denen das Unbewusste die Verweigerung des Lebens bekräftigt, das man ihm einst vorenthielt – so auch erst recht bei der Magersucht (Anorexia nervosa), bei der freilich die Depression meist unter einem hektischen, die Passivität übertönenden verkrampften Leistungsstreben verborgen ist.

Bei oral Depressiven existiert eine heimliche, sehr schwer zu bewältigende Rachetendenz. Sie ist fundamental und wird unverzüglich auf denjenigen projiziert, der sich in seine Nähe begibt. Das Haar in der Suppe ist bald gefunden. Ursache und Anlass werden nicht unterschieden. Verzweifeltsein erlaubt, in der Folge auch andere verzweifelt zu machen, und wird dadurch zum sekundären Krankheitsgewinn; die Selbstmorddrohung enthält eine karge Lust, die gar nicht einmal selten als Vollzug der Rache in der Selbsttötung kulminiert.

b) Einsiedlertyp: Schizoidie

Eine zweite seelische Fehlentwicklung führt in die so genannte Schizoidie. Sie entsteht ebenfalls in der Säuglingszeit, wenn das so genannte *intentionale* Antriebserleben eines Kindes unter Angst verdrängt wurde. Damit ist nach Schultz-Hencke eine Störung der „aktiven Gefühlszuwendung zur Welt“ gemeint. Sie bewirkt, dass solche Menschen später nur unzureichend Kontakt mit ihren Mitmenschen aufnehmen können. Das hat zur Folge, dass sie sich isolieren. Häufig mangelt es ihnen aber auch auf Grund ihrer Störung bereits am Interesse an ihrer Umwelt. Die Reste der gedrosselten Impulse zeigen sich als übertriebene Neugier, als Taktlosigkeit. Auch hier haben meist bereits die Kinder neurotische Symptome, Schulnöte und Anpassungsschwierigkeiten. Später sind Ausprägungen bis zum hochgradig schizoiden Sonderling möglich.

In schwer krankhafter Ausprägung kann hier nämlich eine Tendenz zur Minderung der Realitätskontrolle entstehen, ja sich unter Umständen ein Realitätsverlust einstellen. Wenn aber Fantasie und Wirklichkeit miteinander verschwimmen, besteht die Gefahr der Eskalation in eine Schizophrenie hinein. In solchen Fällen brechen in Belastungssituationen Gefühle, Wünsche, Fantasien, Ängste als scheinbare Wirklichkeit in das Leben der Betroffenen ein.

Mit einem Kranken dieser Art zusammenzuleben, bedeutet sehr häufig, bald an Unterstellungen ausgeliefert zu sein, die jeden Bezug zur Wahrheit entbehren. Es werden Begebenheiten, Handlungen oder Anwürfe behauptet, die niemals stattgefunden haben. Die Kranken fürchten, belauscht, vergiftet, verfolgt zu werden; sie hören, dass man über sie flüstert, sie träumen sich in Beziehungen hinein, die nie existiert haben; gelegentlich haben sie Begegnungen mit Verstorbenen oder mit Himmlischen. Aus den Scheinbegebenheiten werden Handlungen abgeleitet, zum Beispiel die Notwendigkeit zur Trennung von Menschen, mit denen man zusammenlebt. Die Vernachlässigung der bisherigen Lebensgewohnheiten und eines geordneten Alltags machen fachärztliche Behandlung zwingend.

c) Ordnungstyp: Zwangsneurose

Die Zwangsneurose baut sich vornehmlich auf einer Hemmung des aggressiven Antriebserlebens auf. Auch diese Fehlentwicklung hat nach der Schultz-Hencke-Schule ihren Entstehungspunkt in der Kindheit, und zwar im zweiten und dritten Lebensjahr des Menschen: zu einer Zeit, in der das Kind seine erste Trotzphase durchmacht. Maßnahmen, die die „handelnde Weltbewältigung“ eines Kindes behindern, bewirken die

Verdrängung solcher Impulse und ein Unvermögen, spontan zu handeln. Skrupelhaftigkeit, Pedanterie, Übergefügigkeit sind die Charakterzüge, die sich dadurch ausprägen. Die gedrosselten Impulse treten versteckt oder auch durchbrechend in aggressiven Handlungen meist zunächst noch in Erscheinung: Jähzorn, Sadismus, das Quälen von Untergebenen gehören häufig im Zuge solcher Fehlentwicklungen zur Endausprägung. Vom steif-korrekten Pedanten bis zum Zwangskranken sind hier alle Übergänge möglich.

Die manifeste Zwangsneurose ist durch eine unablässige Bemühung gekennzeichnet, die maßlos gesteigerte und total verdrängte Aggression nicht zum Durchbruch kommen zu lassen. Dem dienen die „verrücktesten Rituale“: Waschzwänge, Reinigungszwänge, das heißt immer erneutes Wiederholen von Handlungen dieser Art. Diese sind dann ebenso häufig wie so genannte Rückversicherungszwänge: der Bemühung, immer neu nachzuschauen, ob auch alles „in Ordnung“ ist: ob der Gasherd zugedreht ist, ob die Haustür verriegelt ist, ob die Tasse in gleicher Ausrichtung zum Schrank steht etc.

Mit einem Zwangskranken zu leben ist unvergleichlich viel schwieriger als mit einem „normalen“ Ordnungstyp; denn fraglos wird der Angehörige mit in das qualvolle Tun mit einbezogen: Er muss mit nach Bazillen jagen, er muss sich in übertriebener Weise säubern. Er wird durchs Haus gejagt, um nachzusehen, ob alle Fenster geschlossen sind usw. Die panische Angst vor Ungeordnetem oder Unreinem wird durch derlei Mithilfe aber allenfalls kurzfristig entlastet; sie erneuert sich, und dann gehen die Zwangshandlungen in einer endlosen Wiederholung weiter.

Das Bedürfnis, alles unter die eigene Kontrolle, das heißt letztlich unter die eigene Verfügung, unter die eigene Macht zu bekommen, wird dennoch auf skurrile Weise sichtbar. Es hilft aber nicht, wenn die nahen Menschen sich den Zwängen des Kranken unterwerfen.

Menschen mit Zwangsneurosen gehören in psychotherapeutische Behandlung, wo sie lernen, ihre Aggressionen zu akzeptieren, und wo man ihnen dazu verhilft, ihre Angriffslust angemessen zur Selbstverteidigung einzusetzen.

d) Darstellungstyp: Hysterie

Das *sexuelle* Antriebserleben kann, wenn es schwer gestört wird, zur Hysterie führen. Der Grundstein dafür wird bereits im Alter von vier bis fünf Jahren gelegt. Stößt das Kind mit seinen Zärtlichkeitsimpulsen von vornherein auf Ablehnung oder wird es sexuell missbraucht, so können die mit solchen Wünschen verbundenen Vorstellungen verdrängt werden. Wenn nun später, im Erwachsenenalter, sexuelle Impulse oder Wünsche auftauchen, kommt es unter Angst zu körperlichen Symptomen, wie Zittern, Herzsymptomatik, Ohnmachten oder Angst vor dem anderen Geschlecht. Neurotiker dieser Art leiden an Sexualangst.

Der Ausdruck „Hysterie“ ist von Sigmund Freud in die Psychopathologie eingeführt worden, nachdem er ihre Ursache entdeckt hatte: die Verdrängung (meist noch unreifer) sexueller Impulse während des Heranreifens. Da Impulse dieser Art heute den Kindern kaum noch verboten werden, sollte man meinen, dass manifeste Hysterien eher zu den Seltenheiten gehören müssten. Das ist aber nicht der Fall, seit die Sexualisierungstendenzen in der Erziehung zu übertriebenen Auswüchsen geführt haben. Angst vor Sexualität kann ebenso durch ein zu frühes Wecken der Sexualität entstehen. Auch dann kann Ekel, Abscheu und Angst vor Sexualität entstehen und sich zur Angst vor Bindung an einen gegengeschlechtlichen Partner ausweiten.

Die Entstehung von Perversionen aller Art gehört in dieses Ressort, wie auch – auf Grund von einstigem sexuellem Missbrauch in der Kindheit – das Abdriften in eine Sexualsucht, bis hin zu Vergewaltigung und Sexualmord als den äußersten Formen. Selten können Menschen mit einer solchen psychischen

Störung sich dauerhaft mit einem anderen Menschen verbinden. Schweifend gehen sie auf die Suche nach dem „Richtigen“, obgleich das meist nur ein sehr unbestimmtes Gefühl ist. Die Unruhe des Unzureichenden zerstört jedenfalls meist die Bemühung um nahe Partnerschaft, von welchem Typ auch immer.

Erstarrte Fehlentwicklung bedarf psychiatrischer Hilfe, bedarf der Einnahme neu entwickelter, die Erstarrung lösender Medikamente unter fachärztlicher Aufsicht. Auch Angehörige sollten nicht vorschnell auf diese Möglichkeit für den ihnen Anvertrauten verzichten; sie überschätzen sonst womöglich die eigenen Kräfte zum Aushalten seines pathologischen Verhaltens. Das heißt allerdings nicht, den Erkrankten fallen zu lassen und abzuschieben. Unter Zuhilfenahme von psychotherapeutischen Fachkräften kann die verstehende Liebe, die Kenntnis über die Art und Weise der seelischen Entwicklung erworben hat, jene Festigkeit und Geduld entwickeln, die das Durchtragen von seelisch schwer Erkrankten ermöglicht.

12. Ausblick

Glücklicherweise haben die meisten Menschen in unserem Kulturkreis lediglich eine „normale" Ausprägung typischer Charakterstrukturen. Hier ist viel Lernen miteinander und voneinander möglich.

Den absolut passenden Mitmenschen gibt es nicht; es gibt nicht den Supermenschen mit gottähnlichen Zügen, von dem wir träumen oder den wir in einen anderen blind verliebt hineinprojizieren. Aber es gibt mit Hilfe der Kenntnis der eben beschriebenen Strukturen ein realitätsgerechtes Abwägen, ob es möglich ist, sich gemeinsam zu arrangieren. Wohngemeinschaft endet leicht in Überanspruch und Sackgasse, wenn man meint, der andere und die Erfüllung in der Liebe beziehungsweise Zuneigung zu ihm, im Geliebtwerden von ihm könnten zum Zielpunkt des gemeinsamen Lebens werden.

Diese Vorstellung ist deshalb ein Irrweg, weil wir Menschen überhaupt nicht um unserer selbst willen auf der Welt sind. Im Allgemeinen wird diese Täuschung bei Eheleuten auch rasch wieder aufgelöst: Sie werden durch die Geburt eines Kindes ebenso handfest wie symbolhaft belehrt, dass der Urvereinigung die Urschöpfung, die Geburt einer Zukunft folgt, die selbst bei noch so totalem Frieden und Glück neue Aufgaben und neue Spannung hervorbringt.

Stufenweise und in den vielfältigsten Formen ist also der Mensch als Mitarbeiter an der Schöpfung in einem fortgesetzten Vervollkommnungsprozess beteiligt. Wenn er sich dieser

Gegebenheit bewusst wird, kann er es schaffen, nicht in fordernder Bequemlichkeit danach zu gieren, dass ihm das Geschenk seiner Ausgeglichenheit in Gestalt eines idealen Gefährten in den Schoß fällt. Solche Vorstellungen sind entweder infantil, weil dahinter die Sehnsucht nach Dauersäuglingsleben an der Brust der ewig spendenden Mutter steht, oder sie sind die Ausgeburten eines dekadenten Patriarchats. Der Pascha als Lebenseinstellung musste überwunden werden; denn diese Haltung hatte gezeigt, dass nicht nur die Frau, sondern vor allem auch der Mann dann seelisch und geistig verkümmerte, weil er nicht reifen lernte.

Wenn der Mensch hingegen erkennt, dass jeder mit seinem kleinen Leben ein Mosaiksteinchen auf dem Weg des Vervollkommnungsprozesses der Schöpfung ist, kann er auch erfassen, dass nicht nur die vergangenen Generationen durch die Sorge um die Existenz einen zukunftsfördernden Bezugspunkt hatten, dass auch der nur ein Gleichnis jenes Bezugspunktes war, dem wir alle auch heute noch unterstellt sind: Gott, dem Schöpfer. Die Hinwendung zu ihm und die Ausrichtung auf unsere Aufgabe, das Leben konstruktiv zu gestalten und die Liebe in der Welt zu mehren, ja, das gemeinsame bewusste Gezogensein von dieser Aufgabe kann die Gemeinschaften der Zukunft wohl dazu bringen, neurotische Ängste zu überwinden und gemeinsam *diese* Aufgabe in den Mittelpunkt ihres Lebens zu stellen.

Letztlich kann nur so alles neu werden, letztlich kann nur so der Hingabetyp seine Riesenansprüche, der Ordnungstyp seinen ehrgeizigen Erhaltungs- und Herrschwillen, der Einsiedlertyp seine Splendid Isolation, der Darstellungstyp seine narzisstische Brillanz überwinden: indem nämlich ein Übergeordnetes an die Stelle tritt und durch seine ausfüllende Kraft das Elend egozentrischer Wunscherfüllungsmechanismen und fixierter Verletzungen heilt.

„Trachtet *erst* nach dem Reich Gottes“, sagt Christus und verheißt uns, dass uns dann „alles“, und das heißt auch das

Glück gemeinsamen Schaffens auf dieses Ziel zu und die Überwindung neurotischer Charakterzügen zufallen wird.

Wird eine solche Einstellung von allen Angehörigen einer Gemeinschaft vollzogen, so fällt es ihnen zunehmend leichter, Abstriche an ihren eigenen Ansprüchen zu machen. Man kann sich dann gegenseitig ohne Machtkämpfe oder Kränkungen voranhelfen und die unentwickelten Seiten nachholen. Gemeinschaft wird so zum Dienst aneinander, um abgerundeter und wirkungsvoller den gemeinsamen Lebensdienst erfüllen zu können. Unter dem Primat dieser Einstellung ist es nicht mehr so entscheidend, ob wir diesen konstruktiven Weg an der Seite eines Menschen mit mehr gegensätzlichen oder mehr gleich gearteten Charakterzügen antreten.

Von den beschriebenen Einschränkungen abgesehen, hat *beides* seine Vor- und seine Nachteile: Gegensätzliche Menschen können exemplarisch voneinander lernen, haben aber einen konfliktreichen Alltag. Gleich strukturierte Menschen haben oft weniger Reibungspunkte, brauchen aber sehr viel mehr Anstrengung, um nicht im bestehenden Status zu verharren. Was wir uns auch immer für einen Gefährten erwählen, immer muss zum Erkennen, Bewusstwerden und zur Wandlungsbereitschaft jene Haltung hinzutreten, die danach trachtet, sich nicht nur gegenseitig, sondern im Alltag gemeinsam zur optimalen Erfüllung der spezifischen Aufgaben voranzuhelfen.

Die Liebe um ihrer selbst willen – das kann uns besonders der Hingabetyp vermitteln – kann uns nicht aus den Verstrickungen einer Folie à deux erlösen. Auch die Liebe braucht den übergeordneten Bezugspunkt außerhalb der jeweiligen Gemeinschaft.

Deshalb haben nur diejenigen miteinander Lebenden Aussicht auf dauerhaftes Glück, die den Mut und die Kraft aufbringen, gemeinsam auf Gott zu zu lieben. Das bedeutet, dass sie sich in liebevollem Verstehen gegenseitig rücksichtsvoll abstützen, sich gegenseitig ermutigen und sich so bestmöglichst und verantwortungsbewusst gemeinsam rüsten für die Arbeit an der Welt. Unter diesen Bedingungen bleibt Partnerschaft ein lebendiger Prozess, in welchem wir am anderen große Überraschungen erleben können. Plötzlich ergibt es sich, dass das Bündel von Eigenschaften, das zunächst so sehr im Vordergrund stand, gar nicht mehr dominiert, ja, eine Weile kann das bisher Ungelebte mächtig hervordrängen, um danach einer inneren Ausgewogenheit Platz zu machen.

Diese Ausgewogenheit fällt keinem Menschen in den Schoß. Sie bedarf einer zielbewussten Selbsterziehung. Sie kann aber oft schneller und besser gemeinsam errungen werden. Die Faszinationen des Anfangs können nicht mehr sein als ein Vorschuss auf das Ziel des Reifeprozesses hin. Mehr als Starthilfe vermögen sie nicht zu erbringen. Der Weg bedeutet Mühen um die Überwindung der Gegensätze: in uns selbst wie im Gefährten, und zwar nicht durch Machtergreifung des einen unter Abschnürung des anderen, nicht durch Vermehrung der Einseitigkeit, sondern durch Zusammenfügung der Gegensätze ohne deren Verlust. Im Kleinen an diesem Schöpfungsziel mitzutun – das heißt gelebte Liebe für den Nächsten.

13. Anhang: Alleinbleiben als Aufgabe

Ein Christuswort, das moderne psychologische Erkenntnisse vorwegnimmt, macht uns darauf aufmerksam, dass nicht jeder Mensch Eheglück erleben kann und nicht jedem Ehejoch auferlegt ist. In Matthäus 19,12 heißt es: „Denn es sind etliche verschnitten, die sind aus dem Mutterleib also geboren; und es sind etliche verschnitten, die von Menschen verschnitten sind; und es sind etliche verschnitten, die sich selbst verschnitten haben um des Himmelreiches willen. Wer es fassen kann, der fasse es."

(Einheitsübersetzung: „Denn es ist so: Manche sind von Geburt an zur Ehe unfähig, manche sind von den Menschen dazu gemacht, und manche haben sich selbst dazu gemacht – um des Himmelreiches willen. Wer das erfassen kann, der erfasse es.")

Dass dieses „Verschnittensein" nicht wörtlich, sondern symbolisch zu verstehen ist, geht aus dem vorletzten Passus (der Selbstverschneidung) ganz eindeutig hervor. Vielmehr macht die Aussage Christi deutlich, dass es angeborene psychische (oder auch hirnorganische) Erkrankungen und Behinderungen gibt, die es dem Menschen unmöglich machen, eine Ehe zu führen. Er spricht im zweiten Absatz auch die durch Umwelteinflüsse bedingten Behinderungen, gewissermaßen also die Neurosen, aber auch die durch Unfälle hervorgerufenen Behinderungen an und sagt dann sehr eindeutig, dass es darüber hinaus ein Ledigsein gibt, das durch die bedingungslose Dominanz einer priesterlichen Aufgabe bestimmt ist.

Nicht jeder, so wird hier ausgesagt, passt automatisch zu irgendjemandem! Es gibt aus den verschiedensten Gründen eine Nötigung zum Alleinbleiben. In der Sprechstunde sitzen mir häufig junge Menschen gegenüber, die wissen: Ich tauge nicht zur Ehe. Ich bin mit meinen Fehlern, meiner Unordnung, meiner Lebensuntüchtigkeit, meiner Streitsucht, meiner Verschlossenheit unzumutbar für einen Partner.

Zwar stimmt das in vielen Fällen nicht, und die Selbstanalyse führt zu Nachreifung und Bewusstseinsveränderung; aber dennoch gibt es Menschen, die den Schritt in die Ehe berechtigterweise nicht gehen mögen, und es gab eine große Zahl von Frauen um die Mitte des zwanzigsten Jahrhunderts deren Partner im Krieg gefallen waren oder die auf Grund des kriegsbedingten Männermangels keinen Lebenspartner fanden. Mussten sie resignieren? War ihr Leben weniger wert als das von Verheirateten?

Ich glaube, dass angesichts der Ausführungen in dieser Schrift manchem Ehelosen die Vor-, aber auch die Nachteile eines solchen Unternehmens in aller Realität vor Augen geführt worden sind. Es ist nicht einfach ein Defizit, wenn ein Mensch unverheiratet bleibt. Jedem von uns werden seine ganz individuellen Aufgaben zugeteilt. Eheführung ist eine schwere Aufgabe und ein großes Glück, harte Mühsal und manchmal auch guter Lohn.

Das Alleinsein ist ebenso nicht einfach nur Mangel, sondern auch Chance; es stellt ebenfalls Aufgaben, wenn auch andere als die der Ehe. Der allein stehende Mensch muss vor allem mit seinem Gefühl von Einsamkeit fertig werden. Im Hinblick auf die anscheinend nur glücklichen Paare seines Umkreises weiß er genau, was ihm fehlt: Ihn starren die leeren Wände an, wenn er heimkommt; er kann nicht mit einem Gesprächspartner seine Gedanken austauschen; Männer sind besonders unglücklich darüber, dass ihnen keiner das Essen kocht, den Knopf annäht und das Bett wärmt. Frauen entbehren oft besonders, keine Zärtlichkeit schenken und empfangen zu können. Allein stehende Männer wie Frauen leiden darunter, ihren Ärger im Beruf nicht bei einem Partner abladen zu können. Sie werden deshalb oft schwer mit ihren Sorgen fertig und neigen wegen des Fehlens der „Mülleimerfunktion“ des Partners, die eine Seelenhygiene darstellt, mehr zu psychosomatischen Erkrankungen.

Aber diese Schwierigkeiten brauchten nicht chronisch zu werden, wenn der Alleinstehende die Bewältigung dieses Status als Aufgabe annehmen würde. Dann könnte er sich auf den Weg machen, um in seinem Umkreis einen Menschen zu entdecken, der die Zeit und den Sinn dafür hat, sich miteinander auszusprechen; dann könnte der Alleinstehende vor allem begreifen, dass er viel mehr Möglichkeiten geschenkt bekommen hat, sein Leben, seinen Feierabend, seine Sonntage ganz allein nach den eigenen Bedürfnissen zu gestalten. Er kann es als Geschenk erleben, so lange schlafen, baden, frühstücken, Zeitung lesen, aufbleiben, Musik machen, handwerkern zu können, wie *er* es ganz allein will und mag. Er kann es als ein Geschenk der Freiheit und Unabhängigkeit erleben, gerade und besonders dann, wenn das Schicksal ihm diesen Zustand ohne eigene Entscheidung zum Alleinsein aufgenötigt hat.

Darüber hinaus: Alle großen Schöpfungen der Weltgeschichte sind in irgendeiner Einsamkeit entstanden, alle Propheten sammelten sich in der Isolation, alle Heiligen gingen in die „Wüste“, das heißt ins Alleinsein. Mehr als in irgendeiner Zeit brauchen wir heute Menschen, die die Aufgabe eines stillen, introvertierten Lebens als eine Notwendigkeit nicht nur für sich selbst, sondern auch im Hinblick auf die anderen erleben. Keine Zeit kann ohne Beter leben! Zukunft wächst nicht nur auf dem Boden einer hemmungslosen extravertierten Vita activa. Wer vom Schicksal zum Alleinsein genötigt ist, sollte Besinnlichkeit zu lernen als Aufgabe annehmen und sich aktiv darin üben.

Ich habe in meiner Praxis die Erfahrung gemacht, dass Menschen, die zu dieser Anstrengung bereit waren, die sich nicht im Hader ihrer scheinbaren Benachteiligung fest bannten, plötzlich erlebten, dass eine Menge neuer Aufgaben auf sie zukam, Menschen im Umkreis gefunden wurden, denen der Alleinlebende etwas bedeutet. Auf solchem Boden kann schließlich auch jenes „Beschnittensein" wachsen, das sich ganz unter den Auftrag Gottes stellt.

Unsere immer oberflächlicher werdende Welt, die zurzeit gerade dabei ist, ihre Werte und damit sich selbst in den großen Ausverkauf zu begeben, hat kaum eine Chance, von jenem Gott einer Zukunft für würdig gehalten zu werden, der Welten baut und zerstört, wenn sie nicht mehr taugen. Es gibt keine Aufgabe, die wichtiger ist, kein Amt, das höher steht. Dabei ist sie an kein Lebensalter, an keine körperliche Kraft, nicht an Intelligenz gebunden und nicht vom Geld abhängig. Wenn mehr Alleinbleibende ihren so direkten Auftrag, zuerst nach dem Himmelreich zu trachten, annehmen würden, gäbe es weniger verzweifelt Einsame, gäbe es aber viel mehr Hoffnung, dass diese Welt nicht verloren zu gehen braucht.

Christa Meves

geboren 1925. Studium der Germanistik, Geografie und Philosophie an den Universitäten Breslau und Kiel, Staatsexamen in Hamburg, dort zusätzliches Studium der Psychologie. Fachausbildung im Psychotherapeutischen Institut in Hannover und Göttingen. Frei praktizierende Kinder- und Jugendlichenpsychotherapeutin in Uelzen, Arztfrau und Mutter zweier Töchter, sechs Enkel.

Verliehene Auszeichnungen:
1974 Wilhelm-Bölsche-Medaille
1976 Prix Amade
1977 Goldmedaille des Herder-Verlags
1978 Niedersächsischer Verdienstorden
1979 Konrad-Adenauer-Preis der Deutschlandstiftung
1982 Sonnenscheinmedaille der Aktion Sorgenkind
1984 Medal of Merit
1985 Bundesverdienstkreuz erster Klasse
1995 Preis der Stiftung Abendländische Besinnung
1996 Preis für Wissenschaftliche Publizistik

110 Buchpublikationen, Übersetzungen in 13 Sprachen, Auflage in deutscher Sprache: über 5 Millionen Exemplare

Christa Meves

Auf die Liebe kommt es an

Mütterprobleme ernst genommen

128 Seiten, broschiert
€ 8,90 (D), € 9,20 (A)
ISBN 978-3-9811452-0-5

Gesellschaftlich kaum beachtet, sind sie ohne Lobby. Aber trotz dieser miserablen Situation gibt es sie noch: die Mütter. Bemüht, verantwortungsbewusst, liebevoll, ja, glücklich die einen – gestresst, ächzend, leidend, gequält, verzweifelt und resigniert die anderen. Ihnen widmet Christa Meves dieses Buch.

Einfühlsam gibt sie Trost, Ermutigung und Rat: den überforderten Müttern mit mehreren Kindern, den von ihren Ehemännern allein gelassenen Müttern, den von ihren Kindern vergessenen, abgewiesenen und erniedrigten Müttern etc. Aber auch an der Freude von glücklichen Müttern und an denen, die Leiden und Nöte bewältigt haben, geht die erfahrene Psychotherapeutin nicht vorbei. Sie nimmt vielmehr engagiert Anteil an Schicksalen, in denen der Glaube Auswege eröffnet hat.

Christa Meves, Studium der Germanistik, Geografie, Philosophie und Psychologie. Frei praktizierende Kinder- und Jugendpsychotherapeutin seit 1962 in Uelzen. Sie hat mehr als 100 Bücher veröffentlicht und erhielt zahlreiche Auszeichnungen und Preise, darunter das Bundesverdienstkreuz erster Klasse und das Komturkreuz mit Stern des Ordens des Heiligen Papstes Gregor des Großen.

Media Maria Verlag

Postfach 4040, D-89254 Illertissen
Tel.: 07303/171451 · Fax: 07303/928955
www.media-maria.de · E-Mail: buch@media-maria.de.

Christa Meves

Auf dich kommt es an

Antworten für Jugendliche

12,5 x 19,0 cm,
Broschur, 208 Seiten
€ 12,90 (D), € 13,30 (A)
ISBN 978-3-9811452-2-9

„Werft den überflüssigen Tand unserer Zeit zum Fenster hinaus! Entdeckt, was Unsinn oder gefährlich ist – denn das erzählt Euch nur selten jemand." Mutig, unkonventionell, humorvoll – so steht Christa Meves Jugendlichen Rede und Antwort, Mädchen und Jungen im Alter von 13 bis 17 Jahren, die der Psychotherapeutin von ihren alltäglichen Sorgen schreiben: Über den „Stress" mit den Eltern und Erziehern, über Freundschaft, Verliebtsein, Liebe und Sexualität, über den Drang nach Freiheit und die Suche nach gültigen Idealen. Christa Meves nimmt die Fragenden ernst und fordert sie heraus – weil Tabus bei ihr keine Chance haben: weder die althergebrachten, noch die neuen. Vielleicht sind ihre Antworten gerade deshalb so „echt", so lebensnah und optimistisch.

Christa Meves, Studium der Germanistik, Geografie, Philosophie und Psychologie. Frei praktizierende Kinder- und Jugendpsychotherapeutin seit 1962 in Uelzen. Sie hat mehr als 100 Bücher veröffentlicht und erhielt zahlreiche Auszeichnungen und Preise, darunter das Bundesverdienstkreuz erster Klasse und das Komturkreuz mit Stern des Ordens des Heiligen Papstes Gregor des Großen.

Media Maria Verlag

Postfach 4040, D-89254 Illertissen
Tel.: 07303/171451 · Fax: 07303/928955
www.media-maria.de · E-Mail: buch@media-maria.de.